卫生计生监督员培训教材

计划生育监督分册

国家卫生计生委卫生和计划生育监督中心　组织编写

主　　编　胡　光　高小蔷
副 主 编　窦志勇　罗　锋　宋　扬
执行主编　吴建军　张鸿斌
编　　委（以姓氏笔画为序）
付和俊　吕红平　李力达　何中臣
宋　扬　张　刚　罗　锋　周　琴
姚绍荣　原　新　章　源　董斯彬
蓝小云　潘金洪
编　　务　刘　昊　关露超　黄　静

人民卫生出版社

图书在版编目（CIP）数据

卫生计生监督员培训教材. 计划生育监督分册 / 国家卫生计生委卫生和计划生育监督中心组织编写. -- 北京：人民卫生出版社，2018

ISBN 978-7-117-27436-4

Ⅰ. ①卫… Ⅱ. ①国… Ⅲ. ①卫生工作 - 执法监督 - 中国 - 岗位培训 - 教材 ②计划生育 - 执法监督 - 中国 - 岗位培训 - 教材 Ⅳ. ①D922.16

中国版本图书馆 CIP 数据核字（2018）第 224968 号

卫生计生监督员培训教材

计划生育监督分册

组织编写： 国家卫生计生委卫生和计划生育监督中心
出版发行： 人民卫生出版社（中继线 010-59780011）
地　　址： 北京市朝阳区潘家园南里 19 号
邮　　编： 100021
E - mail： pmph @ pmph.com
购书热线： 010-59787592　010-59787584　010-65264830
印　　刷： 三河市潮河印业有限公司
经　　销： 新华书店
开　　本： 710 × 1000　1/16　**印张：** 8
字　　数： 148 千字
版　　次： 2018 年 12 月第 1 版　2019年 11 月第 1 版第 2 次印刷
标准书号： ISBN 978-7-117-27436-4
定　　价： 30.00 元
打击盗版举报电话：010-59787491　E-mail：WQ @ pmph.com
（凡属印装质量问题请与本社市场营销中心联系退换）

前 言

卫生计生执法监督是深入推进依法行政、有效推动法治政府建设、推进治理能力现代化，维护人民健康的重要保障。党的十九大提出实施健康中国战略，为人民群众提供全方位全周期的健康服务。为更好地服务健康中国战略，培养监督员的专业能力和专业精神，增强基层执法监督队伍适应新时代中国特色社会主义的发展要求，规范卫生计生执法行为，推进综合监督执法，国家卫生计生委卫生和计划生育监督中心为基层执法监督人员组织编写了卫生计生监督培训系列教材。

《卫生计生监督员培训教材——计划生育监督分册》是基层卫生监督员培训系列教材之一。教材以计划生育监督网络课程讲义为基础，经多年培训实践修订而成。全书共七章，分别是计划生育监督概述、法律规范、计划生育技术服务监督、母婴保健技术服务监督、人类辅助生殖技术服务监督、人类精子库监督与管理、打击“两非”行为监督。

教材在编写过程中以提供计划生育监督基本知识为出发点，以展现计划生育监督工作为着力点，以规范计划生育执法监督行为为落脚点，系统阐述了计划生育的工作历程，计划生育监督工作整体思路和重要意义，明确了法律依据和工作职责，列举了监督检查技术服务的主要内容及违法行为处理等。

本教材的编写得到了国家卫生计生委综合监督局、辽宁省卫生计生委卫生计生监督局和计划生育监督培训教研组的大力支持，在此表示诚挚感谢！

由于水平有限，本教材难免有错漏和不妥之处，敬请批评指正。

编 者

2018 年 8 月

目 录

第一章 计划生育监督概述

计划生育监督是指国家授权各级卫生计生行政部门对计划生育相关法律法规的执行情况、从事计划生育技术服务活动的机构及人员进行监督检查，对违反计划生育相关法律法规的行为进行调查处理的行政执法行为。主要包括计划生育法律法规落实情况的监督、计划生育技术服务机构及人员的监督、打击“两非”行为的监督和计划生育重大案件的督察督办。

第一节　我国计划生育的工作历程

实行计划生育是我国根据人口国情作出的一项重大决策，人口问题始终是我国面临的全局性、长期性、战略性问题。自 20 世纪 70 年代至今的 40 余年中，经历了由难变易的过程，取得了辉煌的业绩。计划生育工作已经步入了规范化、制度化、法治化的科学发展阶段。

现阶段我国人口众多的基本国情不会根本改变，人口对经济社会发展的压力不会根本改变，人口与资源环境的紧张关系不会根本改变，计划生育基本国策必须长期坚持。

一、实行计划生育的社会背景

（一）实行计划生育前的人口增长状况及其经济社会压力

新中国成立后，社会经济快速发展，分配制度和福利制度向多子女家庭倾斜，刺激了人们的生育行为，我国人口数量得到快速增长。在人口数量快速增长的情况下，人口的“分母效应”凸显，我国 1969 年的国民收入总额为 1617 亿元，比 1949 年增加了 3.52 倍，但人均国民收入仅增加了 2.08 倍。

（二）学术界对人口问题和节制生育的认识

早在 1954 年 9 月，著名社会学家邵力子就在一届全国人大一次会议上提出了应当传播避孕的医学理论的建议。著名经济学家马寅初在一届全国人大六次会议上的发言中也系统阐述了自己对人口问题的主张。此外，时任全国政协常委、卫生部部长的李德全，全国政协常委钟惠澜，北京劳动干部学校校长罗青长等也纷纷发表文章，表达了他们对我国人口问题的认识和主张节制生育的观点。

（三）党和国家领导人对人口问题和节制生育的认识

邓小平是最早关注人口和计划生育问题的党和国家领导人，1953 年 8 月他就要求卫生部改正限制节育、禁止避孕药和用具进口的做法。在 1954 年 12 月 27 日国务院第二办公室召开的节制生育问题座谈会上，刘少奇肯定了“党是赞成节育的”的主张。毛泽东在 1957 年 2 月 27 日最高国务会议第十一次（扩大）会议上明确提出了“要提倡节育，要有计划地生育”的观点，计划生育的概念不断明晰。

二、计划生育的提出和初步实施

（一）20 世纪 50、60 年代关于节制生育的文件

在党和国家领导人对人口问题的认识越来越清晰的背景下，我国开始以文件的形式表达在节制生育问题上的主张。1955 年 3 月 1 日，中共中央向全党批转了中共卫生部党组《关于节制生育问题向中央的报告》提出的“适当地宣传党的这项政策，使人民群众对节制生育问题有一个正确的认识。”1962 年 12 月 18 日，中共中央 国务院发出《关于认真提倡计划生育的指示》，明确要求在城市和人口稠密的农村提倡节制生育，适当控制人口自然增长率。

（二）20 世纪 60 年代计划生育活动的初步开展

在国家层面，卫生部和国务院计划生育委员会办公室组织专家编写出版了大量图文并茂、简明易懂的避孕节育科普读物。一些省区根据中共中央国务院有关精神，提出并制定节制生育规划。如河北省于 1963 年制定《计划生育十二年规划》，天津市人民委员会于 1962 年 11 月提出“两个正好，三个多了”的说法等。

三、计划生育严格实施阶段

（一）晚、稀、少的计划生育政策要求

1973 年 12 月，国务院计划生育领导小组办公室召开的全国计划生育工作汇报会上，提出了“晚、稀、少”的计划生育政策要求。“晚”是指男 25 周岁以后、女 23 周岁以后结婚，女 24 周岁以后生育；“稀”是指生育间隔 3 年以上；“少”是指一对夫妇生育子女数不超过 2 个。

（二）一对夫妇只生育一个孩子的计划生育要求

1978 年 10 月 26 日，中共中央批转的《关于国务院计划生育领导小组第一

次会议的报告》提出"提倡一对夫妇生育子女数最好一个，最多两个。"1980年9月2～5日，中共中央发出《关于控制我国人口增长问题致全体共产党员共青团员的公开信》，提出"提倡一对夫妇只生育一个孩子"的生育政策，对家庭生育子女数的限制更加严格。

（三）"开小口，堵大口"的计划生育政策调整

中共中央《关于控制我国人口增长问题致全体共产党员共青团员的公开信》在规定"提倡一对夫妇只生育一个孩子"的同时，提出"某些群众确实有符合政策规定的实际困难，可以同意他们生育两个孩子"。然而，不少地方在贯彻落实《公开信》过程中，工作方式简单、粗暴，引起干群矛盾和党群矛盾。1984年4月13日，中共中央批转了国家计划生育委员会党组《关于计划生育工作情况的汇报》，要求"继续提倡一对夫妇只生育一个孩子。对农村继续有控制地把口子开得稍大一些，按照规定的条件，可以生二胎。坚决制止大口子，即严禁生育超计划的二胎和多胎"。后来，这一政策被形象地称为"开小口，堵大口"。

（四）计划生育提升为基本国策

1982年9月1日，中共十二大报告中提出了"实行计划生育，是我国的一项基本国策"的重要论断。1982年12月4日，五届全国人大五次会议通过的《中华人民共和国宪法》第二十五条作出"国家推行计划生育，使人口的增长同经济和社会发展计划相适应"的规定，明确了计划生育的法律地位。

1991年5月12日，中共中央 国务院颁布了《关于加强计划生育工作严格控制人口增长的决定》，强调了切实加强对计划生育工作的领导的重要性，要求"各级党委和政府务必把计划生育工作摆到与经济建设同等重要的位置上来……党政第一把手要亲自抓，并且要负总责。要实行和完善人口与计划生育工作目标管理责任制"。

四、稳定低生育水平和统筹解决人口问题阶段

（一）稳定低生育水平的必要性和政策保障

尽管我国自20世纪90年代中期就实现了低生育水平，但是，我国的低生育水平主要是政策推动的结果，存在生育率反弹的可能性。中共中央 国务院于2000年3月2日颁布《关于加强人口与计划生育工作稳定低生育水平的决定》，明确要求把人口与计划生育工作的主要任务转向稳定低生育水平、提高出生人口素质上。

2004年，国务院办公厅转发了国家人口计生委、财政部《关于开展对农村部分计划生育家庭实行奖励扶助制度试点工作的通知》，开始实行针对农村只有1个子女或2个女孩的计划生育家庭的奖励扶助政策。2007年8月31日，

国家人口计生委、财政部联合颁发《关于印发全国独生子女伤残死亡家庭扶助制度试点方案的通知》，把建立和实施独生子女伤残死亡家庭扶助制度上升到了促进社会主义和谐社会建设的具体实践层面。

（二）统筹解决人口问题的必要性和政策保障

为了统筹解决好人口数量控制、质量提高、结构优化、分布合理的问题，中共中央　国务院于 2006 年 12 月 17 日颁布《关于全面加强人口和计划生育工作统筹解决人口问题的决定》，论述了全面加强我国人口和计划生育工作的重要性与紧迫性以及坚定不移地走中国特色统筹解决人口问题道路的必然性。提出了大力提高出生人口素质、综合治理出生人口性别比偏高问题、不断完善流动人口管理服务体系、积极应对人口老龄化、切实加强人口和计划生育事业保障力度、进一步加强对人口和计划生育工作的领导的具体要求。

五、促进人口长期均衡发展阶段

（一）计划生育政策调整的必要性和调整的主要内容

我国长期以来实行的严格控制人口增长的计划生育政策带来了出生人口性别比升高、人口老龄化快速推进、家庭养老资源匮乏，以及未来可能出现的劳动力不足等一系列人口问题。

2013 年 11 月 12 日中共十八届三中全会通过《中共中央关于全面深化改革若干重大问题的决定》，明确提出了“启动实施一方是独生子女的夫妇可生育两个孩子的政策”的计划生育政策近期调整目标，即单独二孩生育政策。2015 年 10 月 29 日中共十八届五中全会公报提出：“要促进人口均衡发展，全面实施一对夫妇可生育两个孩子的政策。要坚持计划生育的基本国策，完善人口发展战略，积极开展应对人口老龄化行动。”2015 年 12 月 27 日全国人民代表大会常务委员会《关于修改〈中华人民共和国人口与计划生育法〉的决定》由中华人民共和国第十二届全国人民代表大会常务委员会第十八次会议通过，标志着我国已进入实施全面两孩政策。

2015 年 12 月 31 日中共中央　国务院通过了《关于实施全面两孩政策改革完善计划生育服务管理的决定》，阐述了充分认识实施全面两孩政策、改革完善计划生育服务管理的重大意义，明确了指导思想、基本原则和主要目标，提出了稳妥扎实有序实施全面两孩政策、构建有利于计划生育的家庭发展支持体系和切实加强组织领导的具体措施。

（二）既往计划生育政策的主要内容

1. 生育政策　由于城乡之间经济社会发展水平和生育观念的较大差异，以及汉族与少数民族之间在人口规模和发展水平等方面的较大差异，我国的计划生育政策也一直都是城乡有别、少数民族相对宽松。从 2016 年 1 月 1 日以前的情况看，我国的计划生育政策大致可以分为以下 4 大类。

（1）城镇居民的生育政策：居住在城镇的汉族国家干部、职工和城镇居民，实行 1 对夫妇只生育 1 个孩子的政策，其中一方是独生子女的夫妇可生育 2 个孩子。城镇的少数民族居民，一般实行 1 对夫妇生育 2 个孩子的政策。

（2）农村居民的生育政策：汉族农村居民，实行以照顾独女户生育二孩为主体、一方是独生子女的夫妇可生育 2 个孩子的多类型生育政策。其中：北京、天津、上海、重庆 4 个直辖市和江苏、四川 2 个省基本上实行 1 对夫妇生育 1 个孩子、一方是独生子女的夫妇可生育 2 个孩子的政策；宁夏、青海、新疆、云南、海南等 5 个省（自治区）实行普遍生育两个孩子的政策；西藏自治区的藏民不受生育政策的限制；其余的辽宁、吉林、黑龙江等 19 个省（自治区）实行独女户有间隔地生育二孩和一方是独生子女的夫妇可生育 2 个孩子的政策。

（3）少数民族的生育政策：无论是民族自治区域，还是散居少数民族，均实行宽于汉族的计划生育政策。各地农村的少数民族，每对夫妇都可以生育 2 个孩子。新疆维吾尔自治区的维吾尔族、哈萨克族等少数民族夫妇，凡第一、第二孩均为女孩的，可以生育第三个孩子；一些人口较少的少数民族或者边境地区的少数民族农牧民，实行生育三孩的政策。

（4）特殊人群的生育政策：特殊人群，主要包括归国华侨和出国留学人员。新回国定居的华侨，在国外已生育 2 个以上子女的，不允许再生育；但入境回国前已怀孕的，可允许其生育。夫妇双方均系华侨的，应鼓励他们只生育一胎，经说服动员仍要求生育二胎，而且回国时间不满 6 年者，可允许生育二胎。归侨、侨眷所生子女在国外定居，国内无子女的，可允许其再生育一胎。出国留学人员执行 1989 年国家计生委员会同国家教育委员会联合下发的《关于出国留学人员的生育规定》，允许出国留学人员在外留学期间生育 2 个孩子。

2. 奖励扶助政策　我国的计划生育奖励扶助政策是与实行计划生育步伐相一致的，虽在《中华人民共和国人口与计划生育法》（2001 年 12 月 29 日中华人民共和国主席令第六十三号公布）中已有“国家对实行计划生育的夫妻，按照规定给予奖励”的原则性规定，但具体政策实际上是由各省（自治区、直辖市）制定实施的。因此，需要区分为全国性和地方性奖励扶助政策。

（1）全国性奖励扶助政策：进入新世纪后，我国先后制定实施了 3 项计划生育奖励扶助政策，并且不断修订完善。

2004 年 5 月 21 日，国家人口计生委办公厅又下发了《关于印发农村部分计划生育家庭奖励扶助对象确认条件的政策性解释的通知》。这一奖励扶助制度从 2006 年开始在全国得到普遍开展。自 2009 年 1 月 1 日起，对于符合条件的奖励扶助对象，由政府给予每人每月不低于60元的奖励扶助金。

2006年10月25日，经国务院同意，国家人口计生委、财政部印发了《西部地区计划生育少生快富工程实施方案的通知》，在西部地区全面实施计划生育"少生快富"工程。对自愿申请参加、符合条件的对象，每对夫妇一次性发放不少于3000元的奖励。

2007年8月31日，国家人口计生委、财政部印发了《关于全国独生子女伤残死亡家庭扶助制度试点方案的通知》。对于独生子女死亡后未再生育或合法收养子女的夫妻，由政府给予每人每月不低于100元的扶助金，直至亡故为止。独生子女伤、病残后未再生育或收养子女的夫妻，由政府给予每人每月不低于80元的扶助金，直至亡故或子女康复为止。

（2）地方性奖励扶助政策：在国家计划生育奖励扶助政策原则指导下，各省（自治区、直辖市）根据实际情况，相继制定实施了区域性的计划生育奖励扶助政策。

1）晚婚晚育奖励：对于男女双方晚婚的，除国家规定的婚假外，各地均有增加婚假7天至1个月的规定。对于男女双方晚育的，除国家规定的产假外，各地都有增加产假14天至3个月的规定。

2）独生子女奖励：针对只有1个子女自愿不再生育而且领取《独生子女父母光荣证》的，各地都有每月给予2.5～100元不等的独生子女奖励费的规定。在农村，基本上都有在安排宅基地或调整分配责任田方面对农村独生子女家庭的优先和照顾规定。

3）独生子女父母退休金奖励：对于机关、社会团体、事业单位职工中的独生子女父母，基本上都有退休时加发一定比例的退休金和发放一次性奖励的规定。

4）升学加分奖励：部分省（自治区、直辖市）对农村独生子女，或农村独生子女家庭中的女孩考生、农村二女户中的女孩考生，在其升学考试时（包括中考和高考）给予加分投档的照顾。

（三）现行计划生育政策的主要内容

十九大提出"促进生育政策和相关经济社会政策配套衔接"，当前我国正处于人口大国向人力资源强国转变的关键时期，发挥人力资源的潜力与优势是促进我国经济长期保持中高速增长、迈向中高端水平的最大支撑。实施全面两孩政策、改革完善计划生育服务管理，对计生工作提出了新要求。

1. 生育政策　2016年1月1日全国统一实施全面两孩政策，提倡1对夫妻生育2个子女；符合法定条件的可以要求安排再生育子女，少数民族也要实行计划生育，具体办法由省、自治区、直辖市规定。同时明确，夫妻双方户籍所在地的省、自治区、直辖市之间关于再生育子女的规定不一致的，按照有利于当事人的原则适用。

2. 奖励与社会保障　国家对实行计划生育的夫妻，按照规定给予奖励。符合法律、法规规定生育子女的夫妻，可以获得延长生育假的奖励或者其他福利待遇。

在国家提倡 1 对夫妻生育 1 个子女期间，自愿终身只生育 1 个子女的夫妻，国家发给《独生子女父母光荣证》。获得《独生子女父母光荣证》的夫妻，按照国家和省、自治区、直辖市有关规定享受独生子女父母奖励。获得《独生子女父母光荣证》的夫妻，独生子女发生意外伤残、死亡的，按照规定获得扶助。法律、法规或者规章规定给予获得《独生子女父母光荣证》的夫妻奖励的措施中由其所在单位落实的，有关单位应当执行。

在国家提倡一对夫妻生育一个子女期间，按照规定应当享受计划生育家庭老年人奖励扶助的，继续享受相关奖励扶助。

省、自治区、直辖市和较大的市的人民代表大会及其常务委员会或者人民政府可以依据《中华人民共和国人口与计划生育法》和有关法律、行政法规的规定，结合当地实际情况，制定具体实施办法。

育龄夫妻自主选择计划生育避孕节育措施，预防和减少非意愿妊娠。实行计划生育的育龄夫妻免费享受国家规定的基本项目的计划生育技术服务，所需经费按照国家有关规定列入财政预算或者由社会保险予以保障。

国家建立、健全基本养老保险、基本医疗保险、生育保险和社会福利等社会保障制度，促进计划生育。国家鼓励保险公司举办有利于计划生育的保险项目。有条件的地方可以根据政府引导、农民自愿的原则，在农村实行多种形式的养老保障办法。

第二节　计划生育监督思路

计划生育监督的思路主要体现为“12345”工作思路，即：①坚持一个中心：以落实计生法律法规监督检查为中心；②把握两个重点：对行政部门行政行为的监督和对管理服务机构的执法；③明确三大任务：出生人口数量、出生人口素质、人口结构；④履行四项职能：法律法规执行情况的监督、从事技术服务的机构及人员的监督、打击“两非”行为的监督、重大案件的督查督办；⑤强化五大建设：监督规范建设、队伍体系建设、信息化建设、工作机制建设、能力素质建设。

一、以落实计生法律法规监督检查为中心

监督是指对现场或某一特定环节、过程进行监视、督促和管理，使其结

果能达到预定的目标，可分为党内监督、行政监督、社会监督。计划生育监督属于行政监督的范畴，是对计划生育法律法规的执行情况进行监督、对从事计划生育技术服务的机构及人员进行监督、对打击“两非”行为进行监督和对计划生育重大案件的督查督办及承担法律法规规定的其他监督职责。

二、对行政部门行政行为的监督和对管理服务机构的执法

（一）对下级行政部门依法行政工作监督

1. 监督对象　卫生计生行政部门上级对下级行政部门计生工作监督及卫生计生行政部门对乡镇层级的计生行政工作的监督。

2. 监督的内容　一是执法主体的合法性；二是规范性文件的合法性；三是依法行政工作情况的检查；四是行政执法制度的建立和落实情况；五是计生违法行政案件督查督办；六是其他应当监督的事项。

3. 监督的方法　一是开展法律法规落实情况的专项检查；二是开展依法行政工作检查；三是对违法案件的督查督办；四是开展计生考核（优质服务先进县，三线考核、目标责任、一票否决等）。

（二）对管理相对人执法工作的监督

1. 执法检查的对象　一是从事计划生育技术服务的机构；二是从事计划生育技术服务的人员；三是其他机构。

2. 执法检查的内容　一是机构和人员的资质执业合法性情况；二是计生技术服务项目及业务依法开展情况；三是对打击“两非”、代孕及查办计生重大案件的情况。

3. 执法检查的方法　检查证件；核对工作内容；检查和抽查；案件调查取证；现场执法。

三、计生监督涉及的三大内容

（一）控制出生人口数量

一是稳定低生育水平；二是对违法生育的查处；三是社会抚养费案件的督查督办；四是对生育政策调整情况的监督；五是对奖励政策的落实监督。

目前，我国的总人口为 13.67 亿，2020 年预计达到 15 亿。自 2003 年以来，我国的年出生人口约为 1600 万左右。单独两孩政策实施后，全国 2015 年申请单独两孩 100 多万，实际生育数量比此数要少。全面两孩政策放开后，全国符合条件的约 9100 万，短期内出生人口可能明显增加，5 年内出生人口约 1700 万人，年增加约 350 万。新增人口主要集中在城镇，约为 1300 万人，占比达 76%。

监督执法面临的形势：一是如何加强对违法多胎生育的执法；二是如何

开展对社会抚养费征收工作的执法和监督；三是如何对违法行政行为进行监管（包括对两孩生育政策落实相关政策的监管和对奖励政策落实情况的监管等）；四是如何围绕老年人口加强医养结合的监督检查（卫生、民政等9个部门下发指导意见〔2015〕84号文件，养老服务成为计生工作的重要内容）。

（二）提高人口素质

计划生育监督一是对计划生育技术服务机构监督；二是对人类辅助生殖技术服务监督；三是开展打击代孕工作；四是免费孕前优生落实情况。

目前，我国出生缺陷发生率在5.6%左右，每年新增出生缺陷数约90万例。其中出生的时候临床明显可见的出生缺陷约有25万例。实施全面两孩政策后，出生缺陷升高的可能性增加。

我国采取的出生人口缺陷干预主要有3种措施：一是孕前措施，国家免费孕前优生健康检查项目，年度目标人群覆盖率达到80%以上；二是孕中实施产妇住院分娩补助、农村妇女“两癌”检查制度、免费补叶酸，预防神经管缺陷等；三是对缺陷儿童进行医疗，包括开展儿童营养改善、地中海贫血防控等项目的实施。

监督执法面临的形势：一是如何加强对妇幼保健机构和计生服务机构的执法检查和监督；二是如何开展对各级政府开展相关工作的情况进行监督；三是如何对违法行为进行查处，如对人类辅助生育技术服务工作进行检查，打击代孕行为等；四是确保妇女健康生育的权益得到保障。

（三）改善人口结构

一是打击“非医学需要的胎儿性别鉴定和选择性别人工终止妊娠”行为；二是打击采血鉴定胎儿性别行为；三是对医疗机构、社会中介监管；四是对销售终止妊娠药物及流通器械进行监管。

1982年“第4次人口普查”，我国出生人口性别比为108，之后一直呈上升趋势，2004年创历史最高纪录，性别比达到121.20。2015年，我国出生人口性别比为113.51。世界上有18个国家和地区的出生人口性别比高于107正常值上限，我国是世界上出生人口性别结构失衡最严重、持续时间最长、波及人口最多的国家。

监督执法面临的形势：一是“两非”的手段更加多样性（验血、B超等），发现难，查处难；二是如何保障胎儿的生育权（性别选择的可能性增加）；三是如何建立综合执法工作机制（多部门联合执法机制）；四是如何推动各级政府的重视（实行一票否决，综合考核）。

四、履行的四项职能

四项职能包括法律法规执行情况的监督、从事技术服务的机构及人员的监督、打击“两非”行为的监督、重大案件的督查督办。

（一）对计生法律法规执行情况进行监督检查

两法:《中华人民共和国人口与计划生育法》《中华人民共和国母婴保健法》。四规:《计划生育技术服务管理条例》《流动人口计划生育工作条例》《社会抚养费征收管理办法》《中华人民共和国母婴保健法实施办法》。人口计生部门规章:现行有效规章8部,规范性文件:现行有效文件30多部。

（二）对计划生育服务机构和人员的监督

1. 检查机构的相关执业资格证或许可证　查看《计划生育技术服务执业许可证》或《医疗机构执业许可证》正、副本原件,核查登记的名称、地址、登记项目、有效期及校验情况等。对暂缓校验的机构,查看其在暂缓校验期内是否开展计划生育技术服务相关工作。

2. 检查医务人员、技术服务人员的执业资格证　查看《执业医师证》《计划生育技术服务合格证》《母婴保健技术服务考核合格证》原件,核查登记项目、有效期及校验情况等。核对执业许可证批准的诊疗科目、服务项目、设备设施等情况。

（三）开展打击“两非”行为工作

要求各级卫生计生行政机关及监督机构履行职责、依法监督、强化监管、完善机制。

1. 及时修订实施《禁止非医学需要的胎儿性别鉴定和选择性别的人工终止妊娠的规定》。由国家卫生计生委、工商总局、食品药品监管总局联合印发的《关于禁止非医学需要的胎儿性别鉴定和选择性别的人工终止妊娠的规定》(国家卫生和计划生育委员会令第9号),从2016年5月1日起施行,新修订的规定共计25条。

2. 打击代孕专项工作　2015年4月8日,国家卫生计生委、中宣部、中央综治办、中央网信办、工业和信息化部等12个部门联合对全国的23 759家医疗机构,人辅技术服务机构、精子库进行了检查并取得了阶段性成果。警告123家,责令整改118家,查处代孕案件146余起,没收及罚款260多万元,清理代孕信息及违法广告7万条,关闭非法网站302家。

（四）计划生育重大案件的督查督办

1. 监督内容　一是造成人员死亡的案件;二是导致人员重伤残,造成恶劣社会影响的案件;三是造成国家、集体或者公民个人财产严重损失的案件;四是危及社会稳定的群体性案件;五是其他社会影响和国际影响较大,可能危及社会稳定、损害国家形象的案件。

2. 监督方法　下达督办通知书;现场督办;计划生育目标管理责任制考核。

五、强化五大建设

（一）监督规范建设

计划生育监督工作理论体系初步形成，主要体现为“一规范”“一指南”“两指引”。

1.《计划生育监督工作规范》（试行）宣贯已积极推进　一是下发文件，研制《计划生育监督工作规范》释义进行宣传；二是在全国培训班上，专门设立计划生育监督工作规范课程；三是在各省的培训中，指导规范内容的宣贯；四是结合调研，对贯彻落实规范提出要求。

2. 研制《计划生育监督工作指南》　目前《计划生育监督工作指南》共计6章。目的：明确计划生育监督“是什么、干什么、怎么干”的问题，需要有一个具有可操作性、指导性、实用性的工作指南。原则：一是总体设计力求科学、实用、创新；二是理论与实践要有机结合；三是要充分考虑使用对象；四是要有权威性。时间：2015年研制；2016年试点；2017年试用。

3. 编制“两指引”　《计划生育行政执法监督检查指引》与《计划生育服务机构监督指引》也将进行编制，2017年开始试点应用。

（二）加强队伍建设

1. 主要做法　一是省级统一（统一名称，统一职能）；二是市县级整合，负责行政区域内的卫生计生日常监督工作；三是乡镇街道计划生育办公室做好行政区域内的计生管理、服务监督执法和卫生监督工作，乡镇卫生院、社区卫生服务机构承担卫生计生监督协管工作，接受县级综合监督局和乡镇计生办领导；四是由村居计生专干兼任村级卫生计生监督信息员，做好信息收集和报告工作。

2. 基本任务　一是整合（将原有卫生计生监督执法机构整合，设立计生监督执法机构）省市县监督机构设立计划生育监督执法科室，原计生执法的职能不变，计生卫生职能相对独立，争取编制实行两种体制；二是单设（在原有卫生监督机构增设计生监督机构）省、市、县监督机构设立计划生育监督科（编制内部调剂），乡镇以计生服务站为主体设立监督分支机构；三是混设（重庆、广西等地）乡镇计生办改为卫生计生办，在乡镇、街道设监督机构，设立监督员、协管员，村居计生办和医务室合并，增加监督信息员。

（三）加强信息化建设

2014年国家启动计划生育监督信息化建设研究项目，研制出计划生育被监督单位信息卡、计划生育监督检查信息卡、计划生育监督案件查处信息卡，初步实现了计划生育监督的信息化管理。

目前信息化建设研究成果已经经过国家统计部门认证，全面应用到计划生育监督执法工作中，已经实现管理相对人基本情况、日常监督检查工作情况、违法案件查处情况的网上直报，实现利用手持执法终端开展计划生育监督执法工作。

这项研究成果的应用，在计划生育监督工作开展中发挥了引领作用，促进了计划生育监督工作“规范化、标准化、科学化、信息化”的发展，为推进卫生计生监督体系建设、创新完善社会管理、提升社会管理效能和服务质量提供有力保障。

（四）加强能力建设

国家在计划生育监督工作开展之初，就成立了计划生育监督专业教研组，系统研究了计划生育监督工作教学教研内容。在此基础上启动了全国培训工作，2014—2016 年举办 6 期全国培训班，培训学员 600 余名，为各地区开展计划生育监督工作提供人员保障。培训内容主要涉及我国计划生育工作历程、计划生育相关法律规范解读、计划生育监督基础、计划生育监督执法实践、打击“两非”、计划生育行政执法专项监督检查、典型案例分析、信息化应用等内容。各省区市充分利用国家计划生育教研组的专家资源，相继举办本地区计划生育监督工作培训班。

国家计划生育监督专业教研组制定培训发展规划，主要包括：一是基本确定网络教学内容；二是成立计划生育监督专业教研组；三是确立五大专业，13 门课程；四是开展了计划生育监督培训。

（五）加强机制建设

《关于进一步加强卫生计生综合监督行政执法工作的意见》（国卫监督发〔2015〕91 号）中指出：一是充分认识卫生计生综合监督行政执法的重要性和紧迫性；二是整合卫生计生监督行政执法资源，大力推进综合监督行政执法；三是强化监督执法，确保严格规范公正文明执法；四是建立健全卫生计生综合监督行政执法工作的保障机制；五是切实加强卫生计生综合监督行政执法工作组织领导。

根据《“十三五”全国卫生计生监督工作规划》中阐明的“十三五”时期卫生计生监督工作的指导思想、基本原则、工作目标、主要任务和保障措施，卫生计生监督体系将得到进一步完善，卫生和计划生育监督资源整合将全面推开，基层卫生计生监督力量逐步加强，卫生计生监督网络延伸覆盖到乡村。

“十三五”时期，卫生计生监督工作正处于大有作为的重要机遇期，但也面临诸多矛盾叠加、风险隐患增多的严峻挑战。必须加快推动卫生计生综合监管和执法监督体系建设，明确监管行政部门和执法监管系统的职责，加强监督执法机构资源配置及规范化建设，提高人员素质和行政执法效能，确保卫生计生综合监管和执法监督水平得到提升。

计划生育监督工作在完善综合监管机制，明确主体责任，落实重点措施的基础上，着力加强各级计划生育监督工作机构建设，充实监督人员，探索开展计划生育分类监督综合评价等创新性工作的开展，到2020年对从事计划生育技术服务机构的监督覆盖率不低于95%。

第三节 计划生育监督工作的重要意义

一、助力实施健康中国战略

我国是人口众多的国家，实行计划生育是国家的基本国策。国家采取综合措施，控制人口数量，提高人口素质。国家建立婚前保健、孕产期保健制度，防止和减少出生缺陷，提高出生婴儿健康水平。各级人民政府采取措施，保障公民享有计划生育技术服务，提高公民的生殖健康水平。

开展计划生育监督工作就是通过计划生育监督执法活动，宣传相关法律法规，规范开展母婴保健机构与计划生育服务机构、人员的执业行为，防范违法行为的发生。同时对发现的违法行为依法查处，强化守法意识，促进机构及其人员依法执业，更好地为人民健康服务，严把“人生健康第一关”。

二、提升综合监督工作整体效能

计划生育监督作为卫生计生综合监督工作的重要组成部分，涉及对母婴保健、计划生育、人类辅助生殖3项技术实施监督检查，在促进上述技术服务行业自身发展的同时，也进一步推动了卫生计生的行业监管，同时，也是贯彻“供给侧”改革，应对社会经济迅猛发展对该行业的要求。

近年来，全国各级卫生计生监督机构在政府卫生计生行政部门的领导下，积极转变职能，推行综合执法，加强计划生育技术服务监管工作，推动了卫生计生综合监督工作的整体发展。

计划生育监督工作对于保障公民的生殖健康权利，严厉打击危害妇女健康的违法行为，进一步规范计划生育技术服务机构和人员从事计划生育技术服务的执业行为，优化了服务环境，为群众就医安全和全面两孩政策的顺利实施起到了保驾护航作用。为构建优质高效、群众满意的妇幼健康服务体系，提高出生人口素质和妇女儿童健康水平做出自己应有的贡献。

第二章 计划生育监督的法律体系

计划生育法律体系指的是调整在计划生育活动中所发生的社会关系的法律规范的总称。计划生育最根本的法就是《中华人民共和国宪法》,也是我们构建计划生育法律体系的基础。以《中华人民共和国人口与计划生育法》《中华人民共和国母婴保健法》等法律为核心,以《计划生育技术服务管理条例》《中华人民共和国母婴保健法实施办法》《流动人口计划生育工作条例》《社会抚养费征收管理办法》等行政法规,以及数量繁多的部门规章和地方性法规为主体,同《中华人民共和国执业医师法》《中华人民共和国婚姻法》《中华人民共和国妇女儿童权益保障法》等相关法律共同构建起计划生育法律体系。

第一节 法　　律

一、法律效力

(一)宪法

宪法集中反映统治阶级的意志和利益,规定国家制度、社会制度的基本原则,是具有最高法律效力的根本大法,其主要功能是制约和平衡国家权力,保障公民权利。宪法主要由 2 个方面的基本规范组成,一是《中华人民共和国宪法》;二是其他附属的宪法性文件,主要包括:主要《国家机关组织法》《选举法》《民族区域自治法》《特别行政区基本法》《国籍法》《国旗法》《国徽法》《保护公民权利法》及其他宪法性法律文件。

在宪法中和计划生育相关的条款主要包括第二十五条、第三十三条、第四十九条、第八十九条、第一百零七条。宪法有关计划生育的条款是计划生育立法和执法、监督工作的重要依据。

(二)法律

其法律效力仅次于宪法。法律分为基本法律和一般法律(非基本法律、专门法）两类。基本法律是由全国人民代表大会制定的调整国家和社会生活中带有普遍性的社会关系的规范性法律文件的统称，如《刑法》《行政诉讼法》以及有关国家机构的组织法等法律。一般法律是由全国人民代表大会常务委员会制定的调整国家和社会生活中某种具体社会关系或其中某一方面内容的规范性文件的统称。其调整范围较基本法律小，内容较具体，如《商标法》《文物保护法》等。

二、《宪法》有关计划生育的条款是计划生育立法和执法、监督工作的重要依据

我国《宪法》中有 4 个条款与计划生育有关：第二十五条，国家推行计划生育，使人口的增长同经济和社会发展计划相适应。这一条反映了国家意志。第三十三条，……国家尊重和保障人权。这一条体现了公民权利，任何公民享有宪法和法律规定的权利，同时必须履行宪法和法律规定的义务。第四十九条，夫妻双方有实行计划生育的义务。这一条体现了公民义务。第八十九条，……国务院领导和管理教育、科学、文化、卫生、体育和计划生育工作；第一百零七条，县级及以上政府是法定的计划生育行政管理机关。该条款体现了政府责任。这些规定成为监督各级政府开展计划生育工作情况，公民权利义务履行情况的法律依据。

三、《中华人民共和国人口与计划生育法》

《中华人民共和国人口与计划生育法》于 2001 年 12 月 29 日由第九届全国人民代表大会常务委员会第二十五次会议通过；以中华人民共和国主席令第六十三号公布；根据 2015 年 12 月 27 日第十二届全国人民代表大会常务委员会第十八次会议《关于修改〈中华人民共和国人口与计划生育法〉的决定》修改，自 2016 年 1 月 1 日起施行。

该法是有关人口计生工作专门事项的法律，是开展计划生育执法监督的主要依据。该法律有总则、人口发展规划的制定以及实施、生育调节、奖励与保障、计划生育技术服务、法律责任、附则构成，共 7 章 47 条。

人口与计划生育法以国家法律的形式确立了计划生育基本国策的地位；以法律形式明确政府、社会团体和组织、公民实行计划生育的权利和义务；把依法管理人口与计划生育工作与维护公民的合法权益统一起来。

1. 总则　本法阐述了立法依据和立法目的，规定了计划生育的国策地位，指明了执法要求，对不同层级、不同部门的计划生育工作职责进行了分工。

2. 人口发展规划的制定及实施　本法对各级人民政府和党团、社会组织

如何进行人口发展规划的制定与实施给予规定，进行了明确分工。提出“国家提倡一对夫妻生育两个子女”。

3. 生育调节 本法对公民实行计划生育的权利和义务、国家现行生育政策、避孕节育方法、经费保障、女婴保护作出了相应规定。

4. 奖励与社会保障 本法明确了对实行计划生育家庭的奖励办法，主要体现在社会保障制度的建立和完善、对计划生育特殊家庭的救助和补助、计划生育家庭的荣誉等。

在国家提倡一对夫妻生育一个子女期间，自愿终身只生育一个子女的夫妻，国家发给《独生子女父母光荣证》。

5. 计划生育技术服务 本法规定要采用先进的计划生育技术和优质服务来实施计划生育。

6. 法律责任 本法作出了有关社会抚养费征收的规定，对违法行政和破坏计划生育的行为要追究其行政和法律责任。

《中华人民共和国人口与计划生育法》的颁布，调整了若干计划生育法律问题：授权地方制定具体的生育政策，规定涉外生育政策由国家制定；改革了生育许可制度，取消依法结婚夫妇生育第一个孩子的行政许可制度；明确公民实行计划生育的8项基本权利和7项特别权利；实行计划生育技术服务许可制度，计划生育技术服务项目、计划生育技术服务人员实行准入制；规定未经行政许可的计划生育技术服务和未取得计划生育技术服务资格的人员开展计划生育手术是非法的；实行社会抚养费征收制度，明确政策外生育为违法行为，公民应履行缴纳社会抚养费的法定义务；重视计划生育过程管理，注重工作质量，降低计划生育的负面影响；为综合治理人口问题提供法律保障，调动社会各方积极因素，在宏观上统筹解决人口问题。

根据我国《宪法》《婚姻法》《劳动法》《妇女权益保障法》《物权法》《国家赔偿法规定》，公民享有8项基本权利，根据《中华人民共和国人口与计划生育法》和各省（区）《人口与计划生育条例》，实行计划生育的公民享有7项特别权利。

公民应享有的8项基本权利：①健康和生命权；②财产权；③生育权；④参与权；⑤人格权；⑥民主权；⑦隐私权；⑧平等权。

计划生育夫妇享有的7项特别权利：①知情选择安全、有效、适宜的避孕节育措施服务权；②免费获得计划生育技术服务权；③获得计划生育、生殖健康信息和教育的权利；④计划生育奖励、扶助、补偿权；⑤计划生育优待权；⑥计划生育家庭发展权；⑦计划生育夫妇及家庭的法律救济权。

计划生育服务对象在接受计划生育技术服务时享有以下知情选择权：①在专家指导下了解各种避孕节育方法的优点、缺点、适应证及禁忌证；②在专家指导下让服务对象了解自身的身体和健康状况以及适宜使用的避孕节育方法；③在专家指导下，服务对象能够自愿、自主、准确地选择一种最适合自身的避孕节育方法；④政府应向育龄人群提供足够多的可供选择的经济、适用、有效、安全的避孕节育方法。

知情选择权的行使，可以提高避孕节育方法的效果，减少副作用，提高服务对象的满意度，降低计划生育技术服务成本。

根据我国计划生育政策、法规的规定，计划生育服务对象在4个方面可以得到免费服务：①落实避孕节育措施之前的健康检查免费；②常规避孕药具免费；③4项基本手术免费；④落实避孕节育措施后的随访、并发症、副反应诊治免费。

在计划生育工作中公民享有获得计划生育、生殖健康信息和教育的权利，这些权利的获得可以提高公民在计划生育中的主动性，更好地保护自身的健康和法律权益。

四、《中华人民共和国母婴保健法》

《中华人民共和国母婴保健法》是一部旨在保障母亲和婴儿健康，提高出生人口素质，为国家对边远贫困地区的母婴保健事业给予扶持的法律。由中华人民共和国第八届全国人民代表大会常务委员会第十次会议于1994年10月27日通过，自1995年6月1日起施行。《中华人民共和国母婴保健法》由总则、婚前保健、孕产期保健、技术鉴定、行政管理、法律责任、附则构成。在保护妇女、婴幼儿健康方面发挥着重要作用，是卫生计生委开展计划生育执法监督的另一个重要法律依据。

本法共7章39条，对婚前保健、孕产期保健、技术鉴定、行政管理及法律责任等作出了规定。其中对开展特定的母婴保健技术服务项目设定了许可，并制订了处罚条款。

1. 在总则部分　阐明了立法依据和立法目的，规定各级人民政府在母婴保健中的法定责任。

2. 在婚前保健部分　规定医疗保健机构应当为公民提供婚前保健，婚前保健包括婚前卫生指导、婚前卫生咨询、婚前医学检查。婚前医学检查的内容包括：严重遗传性疾病、指定传染病、有关精神病。

3. 在孕产期保健部分　规定医疗保健机构应当为育龄妇女和孕产妇提供孕产期保健服务，包括母婴保健指导、孕妇、产妇保健、胎儿保健、新生儿保健、产前诊断等。对不能住院分娩的孕妇要求医疗保健机构为产妇提供科学育儿、合理营养和母乳喂养的指导，该法禁止任何机构和个人开展非医学需要的胎儿性别鉴定和人工流产。

4. 在技术鉴定部分　规定县级以上地方人民政府可以设立医学技术鉴定组织，负责对婚前医学检查、遗传病诊断和产前诊断结果有异议的进行医学技术鉴定；从事医学技术鉴定的人员，必须具有临床经验和医学遗传学知识，并具有主治医师以上的专业技术职务；医学技术鉴定组织的组成人员，由卫生行政部门提名，同级人民政府聘任。医学技术鉴定实行回避制度；凡与当事人有利害关系，可能影响公正鉴定的人员，应当回避。

5. 在行政管理部分　规定了各级政府和母婴保健机构的管理、监督、监测、业务实施责任。

6. 在法律责任部分　规定未取得国家颁发的有关合格证书的，有从事婚前医学检查、遗传病诊断、产前诊断或者医学技术鉴定的和施行终止妊娠手术的以及出具本法规定的有关医学证明的，县级以上地方人民政府卫生行政部门应当予以制止，并可以根据情节给予警告或者处以罚款。未取得国家颁发的有关合格证书，施行终止妊娠手术或者采取其他方法终止妊娠，致人死亡、残疾、丧失或者基本丧失劳动能力的，依照刑法有关规定追究刑事责任。

从事母婴保健工作的人员违反本法规定，出具有关虚假医学证明或者进行胎儿性别鉴定的，由医疗保健机构或者卫生行政部门根据情节给予行政处分；情节严重的，依法取消执业资格。本法禁止非医学需要的胎儿性别鉴定和人工流产，对违法的医疗机构和工作人员给以行政处分或处罚甚至刑罚等。

母婴保健技术服务项目实行准入制。开展婚前医学检查、遗传病诊断、产前诊断、施行结扎手术和终止妊娠手术医疗保健机构需要取得许可，医疗保健机构的人员需要取得相应合格证书。

第三十二条第一款规定：医疗保健机构依照本法规定开展婚前医学检查、遗传病诊断、产前诊断以及施行结扎手术和终止妊娠手术的，必须符合国务院卫生行政部门规定的条件和技术标准，并经县级以上地方人民政府卫生行政部门许可。

第三十三条规定：从事本法规定的遗传病诊断、产前诊断的人员，必须经过省、自治区、直辖市人民政府卫生行政部门的考核，并取得相应的合格证书。从事本法规定的婚前医学检查、施行结扎手术和终止妊娠手术的人员，必须经过县级以上地方人民政府卫生行政部门的考核，并取得相应的合格证书。

对婚前保健、孕产期保健、技术鉴定作出相关规定。婚前保健服务包括：婚前卫生指导、婚前卫生咨询、婚前医学检查。婚前医学检查包括严重遗传性疾病、指定传染病、有关精神病等疾病的检查。经婚前医学检查，对患指定传染病在传染期内或者有关精神病在发病期内的，医师应当提出医学意见；经婚前医学检查，对诊断患医学上认为不宜生育的严重遗传性疾病的，医师应当提出医学意见；接受婚前医学检查的人员对检查结果持有异议的，可以申请医学技术鉴定，取得医学鉴定证明。

孕产期保健服务包括：母婴保健指导、孕妇、产妇保健、胎儿保健、新生儿保健。医师发现或者怀疑患严重遗传性疾病的育龄夫妻，应当提出医学意见。

县级以上地方人民政府可以设立医学技术鉴定组织，负责对婚前医学检查、遗传病诊断和产前诊断结果有异议的进行医学技术鉴定。从事医学技术鉴定的人员，必须具有临床经验和医学遗传学知识，并具有主治医师以上的专业技术职务。

法律责任的规定。对未经批准擅自开展婚前医学检查、遗传病诊断、产前诊断、终止妊娠手术，以及相关医学技术鉴定和无证出具有关医学证明的处理。

第三十五条规定：未取得国家颁发的有关合格证书的，有下列行为之一，县级以上地方人民政府卫生行政部门应当予以制止，并可以根据情节给予警告或者处以罚款：（一）从事婚前医学检查、遗传病诊断、产前诊断或者医学技术鉴定的；（二）施行终止妊娠手术的；（三）出具本法规定的有关医学证明的。

五、法律是计划生育行政执法补救的重要依据

（一）计划生育行政征收程序

社会抚养费的征收决定机关是县级卫生和计划生育行政部门。受县级卫生和计划生育行政部门委托的乡镇人民政府或者街道办事处也可在委托权限内，以县级卫生和计划生育行政部门的名义作出社会抚养费征收决定。

社会抚养费征收程序是：

1. 案件的发现　政策外生育行为案件主要通过日常的工作检查、报表、汇报发现，也可以通过走访基层、群众举报、相关案件曝光加以发现。

2. 立案　县级卫生和计划生育行政部门或乡镇人民政府（街道办事处）自知晓违法生育嫌疑信息7日内，填写《社会抚养费征收案件立案登记表》，乡（镇）人民政府（街道办事处）报至县级卫生和计划生育行政部门，县级卫生和计划生育行政部门直接征收的，由分管负责人审批立案；委托征收的，在县级卫生和计划生育行政部门立案后个案委托乡（镇、街道）征收。

3. 调查取证　调查取证工作不得少于2人，并应当向被调查人员出示证件。调查人员与当事人有直接利害关系的，应当回避。调查人员应就被调查人的婚姻、生育、居民性质、是否符合再生育条件和收入情况进行全面、客观、公正的调查，做好调查笔录。每份调查笔录均应交被调查人阅读，由其确认无误后签字并按手指印。

对当事人不符合规定生育的调查取证可以从以下途径搜集证据材料：孩

子的户籍申报证明；孩子的出生医学证明等出生证明材料；孩子的预防免疫、医院出生记录或疾病登记证明；孩子母亲近期生育史的检查鉴定；孩子与当事人的亲子鉴定；孩子与当事人的合影照片；医疗保健机构或者计划生育技术服务机构男、女节育手术等档案材料；其他书证、物证、证人证言、鉴定结论、音像资料等；收入调查材料。

征收的基本标准，由设区的市或县级人口计生行政部门以当地统计部门每年公布的数据为依据。被征收人主要收入项目应填入《社会抚养费被征收人收入情况调查表》。

4. 告知权利并听取陈述和申辩　调查结束后，征收机关负责人应对调查结果进行审查。征收机关在作出征收决定前，应以书面形式向当事人告知拟作出征收决定的事实、理由和依据，并听取当事人的陈述、申辩（当事人放弃陈述、申辩权利的除外）。征收机关对当事人提出的事实、理由和证据应当进行复核。当事人提出的事实、理由和证据成立的，征收机关应当采纳。

5. 决定　经调查确有违法生育行为的，在拟作出征收决定前，由承办人作出《社会抚养费征收案件调查报告》，经所在机关负责人审批签字后，由征收机关对当事人作出社会抚养费征收决定。对征收数额较大或复杂疑难的征收案件应经集体讨论后作出决定。

6. 送达决定书　社会抚养费征收决定书应当在作出决定后 7 日内送达当事人，并当场宣告。社会抚养费征收决定书自送达之日起发生法律效力。送达时，当事人应在送达回证上签字。当事人拒绝签收或不在场的，由其同住成年家属代收；当事人及其同住成年家属均拒绝签收的，可邀请 2 名以上当事人所在单位代表或所在村（居）委会代表或干部到场作为见证人，在送达回证上记明拒收事由和日期，由送达人、见证人签名或者盖章，将征收决定书留在受送达人的住所。通过邮寄方式送达的，一般应通过特快专递方式办理，以回执上注明的收件日期为送达日期，邮费凭证应当附卷。

7. 执行决定书　当事人应当在征收决定书送达后 30 日内足额缴纳社会抚养费。当事人确有经济困难的，可以提出延期或者分期缴纳的书面申请，填写《延（分）期缴纳社会抚养费申请审批表》，载明申请延期或分期缴纳的理由、期限与缴纳数额。县级人口计生行政部门审核后，应在自收到当事人申请之日起 30 个工作日内做出并送达《同意延（分）期缴纳社会抚养费决定书》或《不同意延（分）期缴纳社会抚养费决定书》。

当事人逾期不缴纳、未申请延（分）期缴纳或申请延（分）期缴纳社会抚养费未获批准，又不申请复议或不向人民法院提起诉讼的，自欠缴之日起每月加收欠缴社会抚养费的 2‰的滞纳金，征收机关应当向当事人发出《加收社会抚养费滞纳金决定书》。当事人逾期不履行已经生效的征收决定的，征收机关可以在当事人法定起诉期限届满之日起的规定时间内，申请人民法院强制执行。征收机关有充分理由认为当事人有转移或变卖财物等情形逃避执行的，可以在向法院申请强制执行的同时，向法院提供当事人财产线索，一并申请财产保全，是否采取财产保全措施，由人民法院决定。

征收机关向当事人征收社会抚养费时，应出具由财政部门统一监制的票据，不出具或出具不符合规定票据的，当事人有权拒绝。

（二）关于计划生育的非法行医案件行政处罚程序

1. 案件发现　计划生育的非法行医案件可以通过日常的工作检查、报表、汇报、走访基层、群众举报、相关案件曝光加以发现。

2. 立案　基层人民政府和卫生计生执法机关对计划生育非法行医案件应提出立案申请，申请内容应包括案由、案源、当事人姓名、性别、机构名称、地址、违法事实、违反哪一部法律、哪一个条款，建议处理意见。对计划生育非法行医案件，县级人民政府卫生计生行政主管机关应立案调查。

3. 调查　案件进入调查环节，应指派办案人员（2 人以上）向被调查对象或知情人员出示《行政执法证》表明身份和调查意图。向当事人及其所在工作单位了解非法行医等行为并取得充分证据。搜集制作与本案有关的当事人陈述、证人证言、鉴定结论、书证、物证以及勘验笔录、现场笔录、录音录像等视听资料。笔录应经被调查人核对无误后签名盖章（印）。在行政处罚决定之前，应以书面形式向当事人告知作出行政处罚决定的事实、理由和依据，并听取当事人的陈述和申辩。作出的责令停产停业、吊销许可证或者较大数额的处罚，告知当事人有要求举行听证的权利。当事人提出的事实、理由和依据成立的，应当采纳。

4. 作出处罚决定　对于违法行医案件在事实清楚、证据确凿充分的情况下，办案人员根据违法生育事实、情节和相关法律法规提出初步处理意见，经区县卫生和计划生育行政部门法制工作机构审查，并由区县卫生和计划生育行政部门行政首长签字同意后，制作行政处罚决定书。

5. 送达　行政处罚决定书必须送达当事人。由受送达人在送达回证上注明收到日期，并签名或盖章。

6. 执行　当事人在收到行政处罚决定书后应按规定期限及时缴纳罚款。对拒不履行处罚决定的，逾期不申请复议又不提起诉讼的当事人，由作出处理决定的机构在法定时间内向人民法院申请强制执行。

7. 结案　当事人已履行处罚决定的，由办案人员将缴款凭证复印件纳入案卷，并据实填写《行政处罚缴纳情况登记表》，报区县卫生和计划生育行政部门审查同意后，予以结案。

8. 存档　计划生育行政执法机关将立案、调查取证、作出处理决定、送达、执行等材料整理归档，并制作规范的案卷，以备查证和复议、应诉。

（三）计划生育行政复议程序

1. 申请和受理 公民、法人或其他组织认为计划生育具体行政行为侵犯其合法权益的，可以自知道该行为之日起 60 日内，以书面或者口头方式提出行政复议申请。对口头申请，行政复议机关应当当场记录申请人的基本情况、复议请求、申请复议的主要事实、理由和时间。不服乡镇人民政府或者街道办事处的计划生育具体行政行为的复议申请，由县级人民政府受理。不服县级以上计划生育行政部门的具体行政行为的复议申请，当事人可以选择由该部门的本级人民政府受理，也可以选择由上一级计划生育行政部门受理。除《中华人民共和国行政复议法》另有规定外，复议机关负责法制工作的机构（以下简称复议机构）收到复议申请即为受理。复议机关认为当事人的复议申请不符合法定受理条件的，应当决定不予受理，并在 5 日内书面告知申请人。复议机关无正当理由拒绝受理复议申请的，上级行政机关应当责令其受理，也可以直接受理。

2. 审查 复议机构应当对被申请人做出的具体行政行为进行合法性和适当性审查。原则上采取书面审查的办法，但申请人要求或者复议机构认为有必要的，可以向有关组织和人员调查，复议机构应当自复议申请受理之日起 7 日内，将申请书副本或者申请笔录复印件送达被申请人。被申请人应当自收到之日起 10 日内提出书面答复，并提交当初做出该具体行政行为的证据、依据和其他有关材料。申请人、第三人可以查阅被申请人提出的书面答复、做出该具体行政行为的证据、依据和其他有关材料，复议机关不得拒绝。在行政复议过程中，被申请人不得自行向申请人和其他有关组织或者个人收集证据。

申请人在申请行政复议时，一并提出对《中华人民共和国行政复议法》第七条所列的有关规定的审查申请的，若复议机关对该规定有权处理，应当在 30 日内依法处理；若无权处理，应当在 7 日内按照法定程序转送有权处理的机关处理。处理期间，中止对该具体行政行为的审查。复议机关在对被申请人做出的具体行政行为进行审查时，认为其依据不合法，本机关对该不合法的依据有权处理的，应当在 30 日内依法处理；无权处理的，应当在 7 日内按照法定程序转送有权处理的机关处理。处理期间，中止对该具体行政行为的审查。除《中华人民共和国行政复议法》另有规定的外，被申请复议的具体行政行为在复议期间不停止执行。

3. 作出决定 复议机关应当自受理申请之日起 60 日内作出行政复议决定，并制作加盖印章的行政复议决定书。复议机构提出的审查意见，经复议机关负责人同意，或者集体讨论通过后，按照《中华人民共和国行政复议法》

的下列规定作出行政复议决定：

（1）具体行政行为认定事实清楚，证据确凿，适用依据正确，程序合法，内容适当的，决定维持。

（2）被申请人不履行法定职责的，决定其在一定期限内履行。

（3）具体行政行为有下列情形之一的，决定撤销、变更或者确认该具体行政行为违法；决定撤销或者确认该具体行政行为违法的，可以责令被申请人在一定期限内重新做出具体行政行为：①主要事实不清、证据不足的；②适用依据错误的；③违反法定程序的；④超越或者滥用职权的；⑤具体行政行为明显不当的。

（4）被申请人自收到申请书副本或者申请笔录复印件之日起10日内未提出书面答复，未提交当初做出该具体行政行为的证据、依据和其他有关材料的，视为该具体行政行为没有证据、依据，决定撤销该具体行政行为。申请人提出行政赔偿请求，按照《中华人民共和国国家赔偿法》的规定应当给予赔偿的，复议机关应当同时决定被申请人依法给予赔偿。

申请人未提出行政赔偿请求的，复议机关在依法决定撤销或者变更罚款，撤销违法集资、没收财物、征收财物摊派费用以及对财产的查封、扣押、冻结等具体行为时，应当同时责令被申请人返还财产，解除对财产的查封、扣押、冻结措施，或者赔偿相应的价款。

4. 送达决定书　复议机关应当自受理申请之日起60日内向申请人送达行政复议决定书。行政复议决定书一经送达即发生法律效力。

5. 执行决定书　被申请人应当履行行政复议决定。被申请人不履行或者无正当理由拖延履行行政复议决定的，复议机关或者有关上级应当责令其限期履行。复议机关责令被申请人重新做出具体行政行为的，被申请人不得以同一事实和理由，做出与原具体行政行为相同或者基本相同的具体行政行为。

申请人逾期不起诉又不履行维持具体行政行为的复议决定的，由被申请人申请人民法院强制执行。申请人逾期不起诉又不履行变更具体行政行为的复议决定的，由复议机关申请人民法院强制执行。

（四）计划生育行政赔偿程序

计划生育行政执法机关（含县级以上计划生育行政部门和乡镇人民政府、街道办事处）及其工作人员违法行使行政职权侵犯公民、法人和其他组织的合法权益造成损害的，受害人享有获得计划生育行政执法机关（赔偿义务机关）赔偿的权利。根据《中华人民共和国国家赔偿法》，计划生育行政赔偿的程序是：

1. 申请和受理　受害人的赔偿请求，应当向赔偿义务机关提出，也可以在申请行政复议或提起行政诉讼时一并提出。赔偿请求人根据受到的不同损害，可以同时提出数项赔偿请求。

赔偿请求人请求国家赔偿的时效为 2 年，自国家机关及其工作人员行使职权时的行为被依法确认为违法之日起计算，但被羁押期间不计算在内。赔偿请求人在赔偿请求时效的最后 6 个月内，因不可抗力或者其他障碍不能行使请求权的，时效中止。从中止时效的原因消除之日起，赔偿请求时效期间继续计算。

请求赔偿应当递交申请书。赔偿请求人书写申请书确有困难的，可以委托他人代写，也可以口头申请，由赔偿义务机关记入笔录。赔偿请求书应当载明下载事项：①受害人的姓名、性别、年龄、工作单位和住所，法人或者其他组织的名称、住所和法定代表人或者主要负责人的姓名、职务；②具体的要求、事实根据和理由；③申请的年、月、日。

2. 确定赔偿方式和数额　国家赔偿以支付赔偿金为主要方式。能够返还财产或者恢复原状的，予以返还财产或者恢复原状。赔偿义务机关对依法确认有《中华人民共和国国家赔偿法》第三条第（一）（二）项规定的情形之一并造成受害人名誉权、荣誉权损害的，应当在侵权行为影响的范围内，为受害人消除影响、恢复名誉、赔礼道歉。

侵犯公民人身自由的，每日的赔偿金按照国家上年度职工日平均工资计算。侵犯公民生命健康权的，按照《中华人民共和国国家赔偿法》第二十七条的规定计算赔偿数额。侵犯公民、法人或其他组织的财产权造成损害的，按照《中华人民共和国国家赔偿法》第二十八条的规定确定赔偿方式、计算赔偿数额。

3. 受害人赔偿　赔偿义务机关对有《中华人民共和国国家赔偿法》第三条、第四条规定的情形之一的，应当在收到赔偿申请之日起 2 个月内给予赔偿。赔偿请求人请求国家赔偿的，赔偿义务机关、复议机关和人民法院不得向赔偿请求人收取任何费用。

赔偿义务机关逾期不予赔偿，或者赔偿请求人对赔偿数额或方式有异议的，赔偿请求人可以自期间届满之日起 3 个月内向人民法院提起行政诉讼。

4. 向责任人追偿　赔偿义务机关赔偿后，应当责令有故意或者重大过失的工作人员或者受委托的组织或个人承担部分或全部赔偿费用。

对有故意或者重大过失的责任人员，有关机关应当依法给予行政处分；构成犯罪的，应当移送有关机关依法追究刑事责任。

（五）申请法院执行申请程序

当事人逾期不履行已经生效的计划生育行政决定（包括社会抚养征收决定、计划生育行政处罚决定）的，作出该决定的计划生育行政执法机关可以在该行政行为复议或起诉期限届满法定有效期内，依法申请人民法院强制执行（逾期申请的，除有正当理由外，人民法院将不予受理）。

申请人民法院强制执行计划生育行政决定时，应当提交下列材料：

1. 执行申请书。

2. 被申请执行的计划生育行政决定书。

3. 证明该决定合法的事实证据、法律依据及其他材料。

4. 被执行人可供执行的财产状况。

5. 其他必须提交的材料。包括行政机关法定代表人身份证明书、授权委托书、送达回证。有银行存款的应提供被执行人的开户银行、银行账号等情况。

申请强制执行的行政执法机关，有充分理由认为被执行人可能逃避执行的，可以申请人民法院采取财产保全措施（是否采取财产保全措施，由人民法院决定）。

第二节　行 政 法 规

一、行政法规概述

行政法规是指国务院根据宪法和法律，按照法定程序制定的有关行使行政权力，履行行政职责的规范性文件的总称。

（一）行政法规的制定依据

《中华人民共和国宪法》第八十九条第一款明确规定：作为最高国家行政机关，国务院可以"根据宪法和法律，规定行政措施，制定行政法规，发布决定和命令。"因此，制定行政法规是宪法赋予国务院的一项重要职权，也是国务院推进改革开放，组织经济建设，实现国家管理职能的重要手段。

《中华人民共和国立法法》第九条规定：本法第八条规定的事项尚未制定法律的，全国人民代表大会及其常务委员会有权作出决定，授权国务院可以根据实际需要，对其中的部分事项先制定行政法规，但是有关犯罪和刑罚、对公民政治权利的剥夺和限制人身自由的强制措施和处罚、司法制度等事项除外。

（二）行政法规的特点

1. 行政法规的制定主体是国务院。

2. 行政法规根据宪法和法律的授权制定、行政法规必须经过法定程序制定、行政法规具有法的效力。

3. 行政法规在起草过程中，应当广泛听取有关机关、组织和公民的意见。

听取意见可以采取座谈会、论证会、听证会等多种形式。

4. 行政法规的具体名称有条例、规定和办法。

5. 发布行政法规需要国务院总理签署国务院令。

6. 行政法规的效力次于法律、高于部门规章和地方法规。

（三）计划生育行政法规

目前与计划生育相关的行政法规有：《流动人口计划生育工作条例》（2009年4月29日国务院第555号，自2009年10月1日起施行）；《计划生育技术服务管理条例》（2001年6月13日国务院令第309号公布，根据2004年国务院令第428号修订）；《社会抚养费征收管理办法》（2002年8月2日国务院令第357号）；《计划生育统计工作管理办法》（国家计划生育委员会令第2号）；《计划生育系统统计调查管理办法》（国家计划生育委员会令第3号）；《计划生育技术服务机构执业管理办法》（国家计划生育委员会令第5号）；《计划生育技术服务管理条例实施细则》（国家计划生育委员会令第6号）；《病残儿医学鉴定管理办法》（国家计划生育委员会令第7号）；《禁止非医学需要的胎儿性别鉴定和选择性别人工终止妊娠的规定》（国家卫生和计划生育委员会令第9号）；《流动人口计划生育管理和服务工作若干规定》（国家计划生育委员会令第9号）。

本节主要介绍《流动人口计划生育工作条例》《计划生育技术服务管理条例》《社会抚养费征收管理办法》3部计划生育行政法规。

二、《流动人口计划生育工作条例》

《流动人口计划生育工作条例》是《中华人民共和国人口与计划生育法》制定的，为了加强流动人口计划生育工作，寓管理于服务之中，维护流动人口的合法权益，稳定低生育水平。于2009年4月29日国务院第60次常务会议通过，2009年5月11日公布，自2009年10月1日起施行。共计25条。

1. 立法宗旨 《流动人口计划生育工作条例》立法宗旨是，加强流动人口计划生育工作，寓管理于服务之中，维护流动人口的合法权益，稳定低生育水平。

2. 适用对象 本条例所称流动人口，是指离开户籍所在地的县、市或者市辖区，以工作、生活为目的异地居住的成年育龄人员。但是，下列人员除外：

（1）因出差、就医、上学、旅游、探亲、访友等事由异地居住、预期将返回户籍所在地居住的人员；

（2）在直辖市、设区的市行政区域内区与区之间异地居住的人员。

《流动人口计划生育工作条例条例》没有规定流动人口异地居住的时间界

限，主要是考虑流动人口到现居住地后，现居住地就应当将其纳入服务和管理。如果设定异地居住的时限，可能会出现服务和管理的"真空"，给现居住地或户籍所在地推诿服务和管理责任提供可能。流动人口计划生育统计和考核的时间口径应根据有关规定执行。对于因婚姻迁移异地居住的人员，一般应视为现居住地的户籍人口提供有关服务和管理。

3. 流动人口计划生育工作原则　流动人口计划生育服务和管理的工作原则包括以下三方面含义：

（1）两地共同负责。

（2）以现居住地为主。

（3）户籍所在地配合。

其中共同负责是基础，以现居住地为主是核心，户籍所在地予以配合是必要补充，三方面相辅相成，缺一不可。

4. 乡（镇）人民政府和街道办事处流动人口计划生育管理

（1）乡（镇）人民政府和街道办事处是本辖区流动人口计划生育工作的责任主体，是流动人口计划生育服务管理工作的直接承担者，其职责是：贯彻落实流动人口有关法律法规以及各项管理措施；开展人口和计划生育宣传教育；出具和查验婚育证明；组织提供计划生育技术服务，保障免费技术服务项目的落实等。同时，指导村（居）民委员会和辖区内用工单位做好流动人口计划生育工作。这里的乡（镇）人民政府和街道办事处既包括现居住地，也包括户籍所在地。

（2）现居住地和户籍地的乡（镇）人民政府、街道办事处之间要建立流动人口计划生育信息通报制度，及时采集流动人口计划生育信息，核实、通报流动人口婚育变动及避孕节育情况，做好流动人口计划生育统计工作，以便有的放矢地做好流动人口计划生育日常服务和管理工作，维护其合法权益。

5. 流动人口在现居住地享有的计划生育服务和奖励优待

（1）免费参加有关人口与计划生育法律知识和生殖健康知识普及活动。

（2）依法免费获得避孕药具，免费享受国家规定的其他基本项目的计划生育技术服务。

（3）实行计划生育的，按照流动人口现居住地省、自治区、直辖市或者较大的市的规定，在生产经营等方面获得支持、优惠，在社会救济等方面享受优先照顾。

6. 雇用流动人口单位计划生育工作的责任与义务　用人单位应当做好本单位流动人口计划生育工作，依法落实法律、法规和规章规定的流动人口计划生育奖励、优待，接受所在地的乡（镇）人民政府或者街道办事处和县级以上地方人民政府人口和计划生育部门的监督、检查。

7. 流动人口隐私信息保密　地方各级人民政府和政府有关部门以及协助查验婚育证明的村民委员会、居民委员会及其工作人员，应当对涉及公民隐私的流动人口信息予以保密。

三、《计划生育技术服务管理条例》

《计划生育技术服务管理条例》于2001年6月13日由中华人民共和国国务院令第309号公布，根据2004年12月10日《国务院关于修改〈计划生育技术服务管理条例〉的决定》修订（中华人民共和国国务院令第428号），该条例有总则、技术服务、机构人员、监督管理、法则构成，共6章46条。

为了加强对计划生育技术服务工作的管理，控制人口数量，提高人口素质，保障公民的生殖健康权利制定本条例，该条例在中华人民共和国境内从事计划生育技术服务活动的机构及其人员应当遵守。

（一）总则

阐述制定计划生育技术服务条例的目的及适用范围，提出了国家指导和个人自愿相结合计划生育技术服务原则以及相应的财政政策，鼓励研发和推广计划生育新技术。

计划生育技术服务的基本原则：

1. 计划生育技术服务实行国家指导和个人自愿相结合的原则。

2. 公民享有避孕方法的知情选择权。

3. 国家保障公民获得适宜的计划生育技术服务的权利。

4. 国家向农村实行计划生育的育龄夫妻免费提供避孕、节育技术服务，所需经费由地方财政予以保障，中央财政对西部困难地区给予适当补助。

（二）计划生育技术服务规定

1. 计划生育服务的范围　计划生育技术服务包括计划生育技术指导、咨询以及与计划生育有关的临床医疗服务。

2. 计划生育技术指导、咨询的内容：

（1）生殖健康科普宣传、教育、咨询。

（2）提供避孕药具及相关的指导、咨询、随访。

（3）对已经施行避孕、节育手术和输卵（精）管复通手术的，提供相关的咨询、随访。

3. 计划生育技术服务　县级以上城市从事计划生育技术服务的机构可以在批准的范围内开展下列与计划生育有关的临床医疗服务：

（1）避孕和节育的医学检查。

（2）计划生育手术并发症和计划生育药具不良反应的诊断、治疗。

（3）施行避孕、节育手术和输卵（精）管复通手术。

（4）开展围绕生育、节育、不育的其他生殖保健项目。

乡级计划生育技术服务的内容为：

（1）放置宫内节育器；取出宫内节育器。

（2）输卵（精）管结扎术；早期人工终止妊娠术。

4. 知情同意规定　从事计划生育技术服务的机构施行避孕、节育手术、特殊检查或者特殊治疗时，应当征得受术者本人同意，并保证受术者的安全。

5. 任何机构和个人不得进行非医学需要的胎儿性别鉴定或者选择性别的人工终止妊娠。

（三）计划生育技术服务机构人员规定

1. 国家实行计划生育技术服务的机构人员准入制度。

2. 服务项目审批制度。

3. 个体医疗机构不得从事计划生育手术。

4. 计划生育技术服务人员必须按照批准的服务范围、服务项目、手术术种从事计划生育技术服务，遵守与执业有关的法律、法规、规章、技术常规、职业道德规范和管理制度。

（四）计划生育技术服务监督管理

1. 县级以上人民政府对计划生育技术服务履行监督管理职责。

2. 国家建立计划生育技术服务统计制度和计划生育技术服务事故、计划生育手术并发症和计划生育药具不良反应的鉴定制度和报告制度。

3. 计划生育手术并发症鉴定和管理办法由国务院计划生育行政部门会同国务院卫生行政部门制定。

4. 从事计划生育技术服务的机构发生计划生育技术服务事故、发现计划生育手术并发症和计划生育药具不良反应的，应当在国务院计划生育行政部门规定的时限内同时向所在地人民政府计划生育行政部门和卫生行政部门报告；对计划生育技术服务重大事故、计划生育手术严重的并发症和计划生育药具严重的或者新出现的不良反应，应当同时逐级向上级人民政府计划生育行政部门、卫生行政部门和国务院计划生育行政部门、卫生行政部门报告。

（五）计划生育技术服务法律责任

1. 计划生育技术服务机构或者医疗、保健机构以外的机构或者人员违反本条例的法律责任。

2. 计划生育技术服务机构违反本条例的法律责任。

四、《社会抚养费征收管理办法》

社会抚养费，是指为调节自然资源的利用和保护环境，适当补偿政府的社会事业公共投入的经费，而对不符合法定条件生育子女的公民征收的费用。

我国是人口众多的国家，实行计划生育是国家的一项基本国策。社会抚养费制度作为计划生育政策推行和保障的一项重要措施，在20世纪80年代初期叫“超生罚款”，1994年改为“计划外生育费”。1996年《中华人民共和国行政处罚法》出台后，进一步明确对于超计划生育的不得给予罚款，但可以征收“计划外生育费”。2000年3月，中央8号文件明确规定实行社会抚养费征收制度。同年，财政部、国家计生委联合下发文件，要求各地将“计划外生育费”改为“社会抚养费”。2001年，“社会抚养费”在《中华人民共和国人口与计划生育法》中被明确规定下来，其性质被规定界定为补偿性收费，以适当补偿政府的社会事业公共投入的经费，是对不符合法定条件生育子女的公民征收的费用，属于行政性收费，具有补偿性和强制性的特点。

《社会抚养费征收管理办法》于2002年8月2日以中华人民共和国国务院第357号令公布，自2002年9月1日起施行。该办法共计12个条款，对社会抚养的征收目的、征收机关、征收对象、征收标准（包括对流动人口社会抚养费的征收办法）、征收办法等作出相关规定。该法的制定和颁布是对政策外生育者征收社会抚养费的法律依据，也是卫生计生监督的法律依据。确保了公民在生育问题上的权利与义务的对等；有利于用法律和经济手段约束公民的生育行为；有利于计划生育综合措施效果的发挥。

1. 社会抚养费征收对象　对不符合法律、法规规定生育子女的，应当按有关规定征收社会抚养费。

2. 社会抚养费征收机关　社会抚养费的征收，由县级人民政府计划生育行政部门作出书面征收决定；县级人民政府计划生育行政部门可以委托乡（镇）人民政府或者街道办事处作出书面征收决定。

3. 社会抚养费征收性质　社会抚养费为补偿性的行政收费。

4. 社会抚养费征收标准　社会抚养费的征收标准，分别以当地城镇居民年人均可支配收入和农村居民年人均纯收入为计征的参考基本标准，结合当事人的实际收入水平和不符合法律、法规规定生育子女的情节，确定征收数额。社会抚养费的具体征收标准由省、自治区、直辖市规定。

县级人民政府人口计生主管部门以外的任何单位和个人不得违反法律、法规的规定擅自增设与计划生育有关的收费项目，提高社会抚养费征收标准。对不按期足额缴纳社会抚养费行为的补救措施。

未在规定的期限内足额缴纳应当缴纳的社会抚养费的，自欠缴之日起，按照国家有关规定加收滞纳金；仍不缴纳的，由作出征收决定的计划生育行政部门依法向人民法院申请强制执行。

5. 社会抚养费征收办法　社会抚养费的征收决定，自送达当事人之日起生效。当事人应当自收到征收决定之日起30日内一次性缴纳社会抚养费；当事人一次性缴纳社会抚养费确有实际困难的，应当自收到征收决定之日起30日内向作出征收决定的县级人民政府计划生育行政部门提出分期缴纳的书面申请，并提供有关证明材料。县级人民政府计划生育行政部门应当自收到当事人的申请之日起30日内作出批准或者不批准分期缴纳的决定，并书面通知当事人。征收社会抚养费，应当向当事人出具由省、自治区、直辖市人民政府财政部门统一印制的社会抚养费收据。

6. 流动人口的社会抚养费　当事人的生育行为发生在其现居住地的，由现居住地县级人民政府计划生育行政部门按照现居住地的征收标准作出征收决定；当事人的生育行为发生在其户籍所在地的，由户籍所在地县级人民政府计划生育行政部门按照户籍所在地的征收标准作出征收决定；当事人的生育行为发生时，其现居住地或者户籍所在地县级人民政府计划生育行政部门均未发现的，此后由首先发现其生育行为的县级人民政府计划生育行政部门按照当地的征收标准作出征收决定；当事人在一地已经被征收社会抚养费的，在另一地不因同一事实再次被征收社会抚养费。

7. 社会抚养费征收管理中存在的主要问题

（1）对社会抚养费认识存在偏差，征收基数与征收对象的实际收入不符合问题，导致形式的公平掩盖实际上的不公平。

（2）群众自觉缴纳社会抚养费意识不够，造成实际征收率、执结率低。

（3）社会抚养费没有应尽应收，违法生育存在漏报现象。

（4）生育政策不断调整，征收程序缺乏统一规范。

（5）执法部门力度不够，执法人员素质有待提高。

（6）部门协调配合力度不够。

（7）贫困家庭生育观念落后，导致征收难。

（8）社会抚养费使用范围和使用情况的公众知晓率低，导致公众出现误解。

（9）流动人口规避高额社会抚养费征收问题，流动人口恶意规避社会抚养费征收。

第三节　部门规章

部门规章是国务院所属的各部门、委员会在自己的职权范围内发布的调整部门管理事项的规范性文件。主要形式是命令、指示、规章等。其效力低于宪法、法律和行政法规。

计划生育部门规章是指原国家计划生育委员会、原卫生部、国家药品监督管理局等相关部门在自己的职权范围内发布的调整相关管理事项的规范性文件。按照国家人口计生委《关于规章和规范性文件清理结果的通告》(人口政法〔2010〕77号),国家人口计生委在与卫生部撤并前,共有现行有效规章8个,即《计划生育技术服务管理条例实施细则》《计划生育技术服务机构执业管理办法》《关于禁止非医学需要的胎儿性别鉴定和选择性别的人工终止妊娠的规定(国家计划生育委员会、卫生部、国家药品监督管理局令)》《计划生育统计工作管理办法》《计划生育系统统计调查管理办法》《病残儿医学鉴定管理办法》《流动人口计划生育管理和服务工作若干规定》《计划生育药具工作管理办法(试行)》。

一、《计划生育技术服务管理条例实施细则》

1. 立法背景　为了具体贯彻执行《计划生育技术服务管理条例》,国家计划生育委员会于2001年12月29日以6号令发布《计划生育技术服务管理条例实施细则》,共7章56条。

2. 需要了解和掌握的主要内容

(1)总则部分,规章明确了发布的依据、适用范围、服务原则、公民和技术服务机构及人员在技术服务中的权利义务、经费保障、管理层级划分、工作方针、技术研究和推广。

(2)技术服务部分,规章明确了技术服务包括的内容、规定了计划生育技术指导、咨询3个方面的内容和与计划生育有关的临床医疗服务5个方面的内容、规定病残儿鉴定和再生育指导及手术并发症的诊断、鉴定管理及医疗事故的处理依据、开展技术研究项目和国际合作项目的审批监管、技术服务广告的审批、技术服务的知情同意规定和“两非”规定。

(3)服务机构部分,规章明确了从事计划生育技术服务机构的种类、设置、审批和变更,规定了计划生育技术服务专家委员会的产生和主要职责。

(4)技术人员部分,规章规定了技术人员的职业条件,明确持证上岗制度,规定了《计划生育技术服务人员合格证》的申领、换发条件和校验时限。

(5)监督管理部分,规章对层级计划生育技术服务的监督管理工作作出了明确规定。

(6)罚则部分,列举了6类违法情形。

3. 执法监督重点　规章在四十八至五十三条中规定了对6类违法行为的查处,即:对未取得执业许可,擅自从事计划生育技术服务的;计划生育技术服务机构使用没有依法取得《合格证》的人员从事计划生育技术服务的;从事计划生育技术服务的机构和人员,未经批准擅自从事产前诊断和使用辅助生育技术治疗不育症的;买卖、出借、出租或者涂改、伪造计划生育技术服务执业许可证明文件的;向农村实行计划生育的育龄夫妻提供避孕、节育技术服务时，在规定的免费项目范围内收取费用的；从事计划生育技术服务的人员擅自增加计划生育技术服务项目或在执业的机构外从事计划生育技术服务的；计划生育技术服务机构和从事计划生育技术服务的医疗、保健机构在开展计划生育技术服务时，出具虚假证明文件、做假手术的等违法行为，作出了责令改正、给予警告、没收违法所得、罚款或者吊销执业资格等相应的行政处罚的规定。

二、《计划生育技术服务机构执业管理办法》

1. 立法背景　为了认真贯彻执行国务院于2001年6月13日发布的《计划生育技术服务管理条例》，加强计划生育技术服务机构的执业管理，国家计划生育委员会于2001年11月6日以5号令发布《计划生育技术服务机构执业管理办法》，共20条。

2. 需要了解掌握的主要内容

（1）规定了办法适用范围和对计划生育技术服务机构执业实行分级审批校验。规定省、自治区、直辖市计划生育行政部门负责设区的市级以上计划生育技术服务机构的设置审批、执业许可审批和校验；设区的市级计划生育行政部门负责县、乡计划生育技术服务机构的设置审批、执业许可审批和校验。

（2）规定申请新设置服务机构和执业许可应提交的材料和具备条件。申请新设置服务机构应提交《计划生育技术服务机构设置申请表》；设置可行性研究报告；选址报告和建筑设计平面图；设区的市级以上人民政府计划生育行政部门规定提交的其他材料。申请执业许可应提交《计划生育技术服务机构设置批准书》或《计划生育技术服务管理条例》实施前已取得的执业许可证明文件；计划生育技术服务机构用房产权证明或者使用证明；计划生育技术服务机构建筑设计平面图；计划生育技术服务机构科室设置情况；计划生育技术服务机构法定代表人和主要负责人、科室负责人及主要技术骨干名录和有关资格证书、执业证书、任职履历证明复印件；设备清单；计划生育技术服务机构规章制度；设区的市级以上计划生育行政部门规定提交的其他材料。

（3）规定审批程序和时限。即：由申请单位向审批部门提出书面申请，提供本办法第四条规定提交的材料。发证部门对申请单位提交的材料进行审查，签署审查意见。对材料审查符合要求的，由发证部门组织3～9名专家和管理人员按照国家计划生育委员会颁布的《计划生育技术服务项目评审基本标准》实地考察、核实，并对执业人员基础知识、基本技能进行抽查考核，并提出书面评审意见。发证部门根据评审结果、服务需求等情况作出是否准予执业及批准执业项目的决定，对准予执业的单位进行注册登记，颁发《计划生育技术服务机构执业许可证》(以下简称《许可证》)及副本,并在《许可证》上载明获准开展的项目。对不准予执业的,将评审结果和不予批准的理由通知申请单位。发证部门应当在收到申请单位提交本办法规定的全部材料之日起30个工作日内,完成审核发证工作。

(4)明确不予登记注册情形。不符合计划生育技术服务机构设置标准的;工作用房不能满足计划生育技术服务功能需要的;通讯、供电、上下水道等公共设施不能满足计划生育技术服务机构正常运转的;计划生育技术服务规章制度不符合要求的消毒、无菌操作、业务技术等基本知识和技能现场抽查考核不合格的;聘用不具备资格的人员从事计划生育技术服务工作的;提交虚假证明材料的。

(5)规定了技术服务机构校验时限为3年。明确8种情形暂缓校验,即:不符合《计划生育技术服务机构设置标准》;超越《许可证》载明的项目开展计划生育技术服务;在开展计划生育技术服务中发现有做假手术、开假证明及重大的计划生育避孕、节育技术事故;评审不合格或不参加评审;限期改正或停业整顿期间;使用未经认可或不宜继续使用的诊疗技术与方法;擅自聘用不具备资格的人员从事与计划生育有关的临床医疗活动;违反《计划生育技术服务管理条例》有关执业的规定;暂缓校验期满仍不能通过校验的,由发证部门注销其《许可证》。

(6)明确了变更需提交的材料和审核时限。即:《计划生育技术服务机构变更申请表》;申请变更登记的原因和理由;《计划生育技术服务机构执业许可证》及其副本;登记机关规定提交的其他材料。申请增加服务项目的,按上款规定办理变更服务项目登记。审核时限为30个工作日。

(7)规定了对各级政府设置的计划生育技术服务机构的命名:①省级:省(自治区、直辖市)计划生育技术指导中心、生殖保健服务中心或者其他由省级计划生育行政部门批准的名称;②设区的市级:市(地区、自治州)计划生育指导中心(站、所);③县级:县(市、区)计划生育服务站;④乡级:乡(镇)计划生育服务所(站)。

三、《禁止非医学需要的胎儿性别鉴定和选择性别的人工终止妊娠的规定》

1. 立法背景　自20世纪80年代以来,我国出生人口性别比已持续30多年处于偏高状态。经过多年的努力,出生人口性别比持续升高的势头得到初步遏制,但2015年仍高达113.51。2013年机构改革后,原国家计生委、原卫生部、原药监局2002年联合发布的《关于禁止非医学需要的胎儿性别鉴定和选择性别的人工终止妊娠的规定》(以下简称《禁止"两非"规定》)部分条款已不适应工作需要。为加大整治非医学需要的胎儿性别鉴定和选择性别人工终止妊娠行为（以下简称"两非"行为）工作力度，有效治理出生人口性别比偏高问题，国家卫生计生委于2014年联合工商总局、食品药品监管总局启动《规定》修订工作。

为了贯彻计划生育基本国策，使出生人口性别比保持在正常的范围内，根据《中华人民共和国人口与计划生育法》《中华人民共和国母婴保健法》等法律法规，2016年5月1日，国家卫生和计划生育委员会、国家工商行政管理总局、国家食品药品监督管理总局共同颁布第9号令，《禁止非医学需要的胎儿性别鉴定和选择性别的人工终止妊娠的规定》（以下简称《禁止"两非"规定》），共25条。

2.《禁止"两非"规定》的重点内容

（1）建立部门协作机制。规定了卫生计生、工商行政、食品药品监管等部门职责，建立查处"两非"行为协作机制和联动执法机制（第四条至第七条）。

（2）建立非医学需要的胎儿性别鉴定和选择性别人工终止妊娠管理制度。

禁止"两非"行为，同时根据《中华人民共和国母婴保健法》，结合工作实际，对符合法定生育条件实施选择性别人工终止妊娠的情形作出规定（第九条）。

明确了医学需要的胎儿性别鉴定和选择性别人工终止妊娠的医学诊断程序（第十条）。实行集体诊断制度。第十条规定："实施医学需要的胎儿性别鉴定，应当由医疗卫生机构组织三名以上具有临床经验和医学遗传学知识，并具有副主任医师以上的专业技术职称的专家集体审核。经诊断，确需人工终止妊娠的，应当出具医学诊断报告，并由医疗卫生机构通报当地县级卫生计生行政部门。"

明确医疗卫生机构及其医务人员应当遵守相关管理制度。在手术前登记、查验受术者身份证明信息，并及时将手术实施情况通报当地县级卫生计生行政部门。"医疗卫生机构应当在工作场所设置禁止非医学需要的胎儿性别鉴定和选择性别人工终止妊娠的醒目标志；医务人员应当严格遵守有关法律法规和超声诊断、染色体检测、人工终止妊娠手术管理等相关制度""实施人工终止妊娠手术的机构应当在手术前登记、查验受术者身份证明信息，并及时将手术实施情况通报当地县级卫生计生行政部门。"

（3）建立终止妊娠药品以及超声诊断仪、染色体检测专用设备等医疗器械管理制度。

对终止妊娠药品实行目录管理，建立终止妊娠药品销售、采购、使用登记制度，禁止药品零售企业销售终止妊娠药品。第十四条规定："终止妊娠的药品，仅限于在获准施行终止妊娠手术的医疗卫生机构的医师指导和监护下使用。经批准实施人工终止妊娠手术的医疗卫生机构应当建立真实、完整的终止妊娠药品购进记录,并为终止妊娠药品使用者建立完整档案。”

建立医疗器械销售企业销售超声诊断仪、染色体检测专用设备等医疗器械以及医疗卫生、教学科研机构购买相应医疗器械时的资质查验、购销记录制度(第十五条、第十六条)。“医疗卫生、教学科研机构购置可用于鉴定胎儿性别的超声诊断仪、染色体检测专用设备等医疗器械时,应当提供机构资质原件和复印件,交销售企业核查、登记,并建立进货查验记录制度。”

(4)明确违法行为的法律责任。对违反规定发布广告,违反规定为他人施行“两非”手术,出具虚假的医学需要的人工终止妊娠相关医学诊断意见书或者证明,医疗机构未落实终止妊娠药品购进、使用记录,违规销售终止妊娠药品以及超声诊断仪、染色体检测专用设备等医疗器械,组织介绍孕妇实施“两非”等行为,规定了相应的法律责任(第十七条、第十八条、第十九条、第二十条、第二十一条、第二十二条、第二十三条);建立有奖举报制度(第二十四条)。

3.《禁止“两非”规定》的突破

(1)建立了部门配合、共同治理出生人口性别比偏高问题的工作机制作。

(2)将禁止“两非”工作纳入计划生育目标管理责任制作。

(3)明确了组织、介绍实施“两非”行为的法律责任作。

(4)建立了涵盖相关医疗广告、医疗器械和药品的监管制度以及有奖举报制度等。

四、《计划生育统计工作管理办法》

1. 立法背景 为了加强计划生育统计工作,使计划生育统计工作规范化、制度化、科学化,保障计划生育统计资料的准确性和及时性,根据《中华人民共和国统计法》的有关规定,结合计划生育统计工作的实际,国家计划生育委员会于1999年3月19日制定了《计划生育统计工作管理办法》,共8章42条。

2. 需要了解和掌握的主要内容

(1)总则部分:规章规定了各级计划生育统计部门和统计人员、统计工作的基本任务,明确计划生育统计工作实行统一管理、分级负责管理体制,规定各级计划生育部门及其工作人员必须依照有关统计法律、法规的规定,提供计划生育统计资料,不得虚报、瞒报、拒报、迟报或伪造、篡改统计资料。

(2)在统计部门和统计人员部分:规章对计生部门统计机构的设置和统计人员的条件作出规定。

(3)在统计账卡和统计报表部分:规章对计划生育账卡、报表的种类、签报、内容、程序等作出规定。

（4）在专门统计调查和统计检查部分：规章对实行统计调查和统计检查的层级作出规定。同时对与社会其他部门机构及与国外、境外机构和个人开展有关计划生育统计调查的审批作出详细规定。

（5）在统计资料的管理和公布部分，规章对统计资料的管理、移交、公布和使用等作出规定。

（6）在统计工作现代化部分，规章对统计工作现代化内容和要求作出规定。

（7）在奖励与处罚部分，规章详细规定了奖励处罚内容。

3. 执法监督重点　规章规定了统计部门和统计人员的法律责任，这是执法监督的重点。

（1）规章明确了各级计生部门和人员必须依法提供统计资料。第九条规定：各级计划生育部门及其工作人员必须依照有关统计法律、法规的规定，提供计划生育统计资料，不得虚报、瞒报、拒报、迟报或伪造、篡改统计资料。

（2）8种违法行为。第三十九条规定：自行修改统计资料、编造虚假数据，或者强令、授意统计部门、统计人员篡改统计资料或者编造虚假数据的；拒报、瞒报计划生育统计资料的；未经批准，擅自发布尚未公布的计划生育统计资料的；擅自下发统计报表，或者实施统计调查，窃取国家秘密、损害社会、公众利益或者进行欺诈活动的；泄露国家秘密的计划生育统计资料，造成国家损失或社会不良影响的；在统计调查中泄露私人、家庭的单项调查资料，造成不良后果的；对拒绝、抵制篡改统计资料或编造虚假数据行为的统计人员进行打击报复的；妨碍计划生育统计机构、统计人员执行公务的，由县以上计划生育部门对有关单位和责任人给予通报批评，由本级计划生育部门依法给予行政处分或者建议有关部门依法给予行政处分；情节严重构成犯罪的，由司法机关依法追究刑事责任。

五、《计划生育系统统计调查管理办法》

1. 立法背景　为加强计划生育系统统计调查的管理和监督，规范统计调查行为，实现统计调查的制度化、规范化、科学化，国家计划生育委员会根据《中华人民共和国统计法》和《中华人民共和国统计法实施细则》，于2000年11月2日制定了《计划生育系统统计调查管理办法》，共7章37条。

2. 需要了解和掌握的主要内容

（1）该规章对统计调查的适用范围、层级管理，组织统计调查的原则、统计调查方案的设计、统计调查的审批程序、统计调查结果的上报与公布、监督与处罚等作出了详细规定。

（2）执法监督重点。规章第三十条规定：各级计划生育统计和行政监察工作机构负责对计生统计调查工作进行执法监督检查，对违反有关统计法律、法规、规章的统计调查行为予以纠正或处理。第三十四条列举了9种违法情形，即：在统计调查中窃取国家秘密、损害社会、公众利益或者进行欺诈活动的；擅自组织实施统计调查的；擅自改变已批准的调查内容进行调查的；给未获批准的统计调查提供经费支持，造成不良后果的；滥批统计调查，造成统计调查秩序混乱的；在统计调查中泄露私人、家庭的单项调查资料，造成不良后果的；擅自公布统计报表数据或专项统计调查结果，造成不良后果的；为国外的机构、组织、人员非法提供统计调查结果的；其他违反国家法律、法规和本办法规定组织实施统计调查的。有以上行为之一的，由县及县以上计划生育行政部门责令改正，给予通报批评；情节较重的，可以对负有直接责任的主管人员和其他直接责任人员依法给予行政处分或建议有关部门依法给予行政处分；构成犯罪的，依法追究刑事责任。

六、《病残儿医学鉴定管理办法》

1. 立法背景　为了加强病残儿医学鉴定管理工作，落实计划生育政策，提高出生人口素质，根据《计划生育技术服务管理条例》及国家有关法律法规，国家计生委于2002年1月18日发布《病残儿医学鉴定管理办法》，共5章26条。

2. 需要了解和掌握的主要内容

（1）该规章对病残儿医学鉴定的适用范围、鉴定组织、鉴定申请与审批、管理监督与法律责任等作出了详细规定。附件还对病残儿医学鉴定诊断标准及其父母再生育的指导原则作出了具体规定。

（2）执法监督的重点。规章第二十三条列举5种违法行为，即：在病残儿医学鉴定过程中，有为当事人提供伪证或出具假医学诊断证明的；收受贿赂或向当事人索取财物的；鉴定人员弄虚作假、徇私舞弊、提供不实材料，导致不正确鉴定结论的；未经正常医学鉴定程序随意作出维持或变更原鉴定结论的；有其他严重妨碍鉴定工作行为的，由其所在单位给予行政处分，依据有关法规给予经济处罚，情节严重构成犯罪的，由司法机关追究刑事责任。

七、《流动人口计划生育管理和服务工作若干规定》

1. 立法背景　随着形势的发展，国务院1998年颁布的《流动人口计划生育工作管理办法》已经不能满足计划生育实际工作的需要，为此，为了进一步提高流动人口计划生育管理和服务水平，维护流动人口实行计划生育的合法权益，稳定低生育水平，促进人口与经济、社会的协调发展，国家人口计生委于2003年12月1日制定了《流动人口计划生育管理和服务工作若干规定》，共25条。

2. 需要了解和掌握的主要内容

（1）规章体现了以人为本、管理与服务相结合得理念：确立了“流动人口计划生育工作应当坚持公平对待、合理引导、完善管理、优质服务的原则”；提出“坚持以人为本、管理与服务相结合，保障流动人口依法享有生育权利，依法获得人口和计划生育科普教育、计划生育技术和生殖保健服务，以及法律、法规规定的其他各项权利”。

（2）对流动人口管理服务进行界定：规定“流动人口计划生育工作，实行现居住地和户籍所在地人民政府共同管理，以现居住地管理为主。”

（3）作出了一系列维护流动人口合法权益的规定：如，“流动人口计划生育工作，实行现居住地和户籍所在地人民政府共同管理，以现居住地管理为主的原则。”“现居住地应将流动人口计划生育工作纳入本地区经常性管理和服务范围，实行与户籍人口同宣传、同服务、同管理。”“流动人口户籍地应依法落实流出人口的计划生育奖励政策；现居住地应当向流入人口提供与户籍人口同等的计划生育技术服务。”“实行计划生育的流动人口育龄夫妻免费享受国家规定的基本项目的计划生育技术服务。”“现居住地人口和计划生育部门应主动协调有关部门、社区，按照地方法规的有关规定，对实行计划生育的流动人口家庭，在就业、就医、子女入托、入学等方面提供优惠服务”等。

（4）执法监督重点：规章第二十二条规定“人口和计划生育工作人员应当严格依法行政，文明执法，不得侵犯流动人口的人身权、财产权和其他合法权益。”

八、《计划生育药具工作管理办法（试行）》

1. 立法背景　为了加强计划生育药具管理和服务工作，依法保障公民获得安全、有效、适宜的计划生育药具，2006年7月20日，国家人口计生委根据《中华人民共和国人口与计划生育法》《计划生育技术服务管理条例》等有关法律法规，制定了《计划生育药具工作管理办法（试行）》，共9章47条。

2. 需要了解和掌握的主要内容

（1）该规章规定了总则、机构与职责、计划与采购、经费管理、质量管理、发放与服务、监督与管理、罚则等内容。

（2）执法监督重点　规章第二条规定“各级人口和计划生育行政部门、计划生育药具管理机构及其工作人员应遵守本办法。”第四十四条列举了7种违法查处情形，即：挤占、截留、挪用、贪污药具专项经费的；收受计划生育药具生产企业或者计划生育药具供应商回扣、贿赂的；将国家免费提供的计划生育药具流入市场销售的；由于管理不善，造成计划生育药具变质、损毁、过期、积压、浪费的；虚报计划生育药具需求计划和统计报表，套取计划生育药具和经费的；为计划生育药具生产企业或者计划生育药具供应商出具虚假质量检测报告的；违反本办法规定的其他行为，由县级以上人口和计划生育行政部门责令改正，给予警告或者通报批评；有违法所得的，没收违法所得；对单位主要负责人、直接责任人依法给予行政处分；情节严重，构成犯罪的，依法追究刑事责任。

第四节 标准及规范性文件

一、标准

1. 标准的概念　标准是指为在一定范围内获得的最佳秩序，对活动或其结果共同的和重复使用的规则、导则或特定文件。该文件经协商一致制定并经一个公认机构批准。

2. 标准的分类　按照《中华人民共和国标准化法》规定，我国标准分为国家标准、行业标准、地方标准、企业标准。

国家标准：是指对需要在全国范围内统一或国家需要控制的技术要求所制定的标准，由国务院标准化行政管理部门制定发布。国家标准是“通用的”，在全国范围内普遍通用，不受行业的限制。

行业标准：是指对没有国家标准，而需要在全国某个行业范围内统一的技术要求所制定的标准，并报国务院标准化行政管理部门备案。行业标准是对国家标准的补充，行业标准在国家标准实施后，自行废止。

地方标准：在某个省、自治区、直辖市范围内需要统一的标准。对没有国家标准、行业标准而又需要统一的技术要求，可以制定地方标准。地方标准由省、自治区、直辖市人民政府标准化行政管理部门制定发布，并报国务院标准化行政管理部门和国务院有关行政主管部门备案。地方标准不得与国家标准、行业标准的规定相抵触，在本行政辖区范围内适用，在相应的国家标准和行业标准实施后，地方标准自行废止。

企业标准：是指企业制定的产品标准和在企业内需要协调、统一的技术要求和管理、工作要求所制定的标准。企业生产的产品在没有相应的国家标准、行业标准和地方标准时，应当制定企业标准，作为组织生产的依据。在有相应的国家标准、行业标准和地方标准时，国家鼓励企业在不违反强制性标准的前提下，制定严于国家标准、行业标准和地方标准的企业标准，在企业内部使用。企业标准由企业制定，由法人代表或法人授权的主管领导批准发布，一般报当地标准化行政管理部门和有关行政主管部门备案。

3. 卫生标准在卫生计生综合执法监督中的作用　卫生标准是指根据健康要求对生产、生活环境中化学的、物理的及生物的有害因素的卫生学容许限量值，即最高容许浓度。它是根据环境中有害物质和机体间的剂量 - 反应关系，考虑到敏感人群和接触时间而确定的一个对人体健康不会产生直接或间接有害影响的"相对安全浓度"。

卫生标准反映了社会公共的健康安全意志，为公共主体行为提供导向，具有不同于一般意义上的法律特征，相比其他行政执法领域，卫生计生综合监督更加强调对技术的依赖。往往以专业技术规范为标准，运用科学技术手段，通过检测，由数据来判定执法对象的合法性。

卫生标准作为卫生法律体系中的重要组成部分是卫生监督执法工作的重要技术依据，是卫生事业的重要组成部分，是卫生科学技术的重要成果，是卫生行政管制的基础，处于卫生行政执法中的核心地位。特别是在医患关系紧张、医疗纠纷频发的当下，极大地强化医务人员、卫生监督人员的标准化意识，提升其标准应用能力与工作水平，具有非常现实的意义。

4. 计划生育工作中涉及的标准　国家卫生计生委颁布计划生育技术服务项目评审基本标准（一）（二），规定放、取宫内节育器、终止早期妊娠手术、输卵（精）管绝育术、皮下埋植避孕术、输卵（精）管吻合术、应用麻醉镇痛技术施行负压吸宫术等项目的机构和科室设置、设备要求、人员、管理、麻醉药品和抢救药品的要求。

二、规范性文件

1. 规范性文件的概念　规范性文件是指各级人民政府及其派出机构、县级以上人民政府所属工作部门和法律法规授权的具有管理公共事务职能的组织，在法定职权范围内依照法定程序制定并公开发布的针对不特定的多数人和特定事项，涉及或者影响公民、法人或者其他组织权利义务，在本行政区域或其管理范围内具有普遍约束力，在一定时间内相对稳定、能够反复适用的行政措施、决定、命令等行政规范文件的总称。

规范性文件有 3 点特征：第一，法定主体。必须是行政机关和法律、法规授权的具有管理公共事务职能的组织才有权制定规范性文件，这些有行政职能的单位又称为行政主体。一般而言，各级政府公布的行政执法主体有资格发布规范性文件。第二，依法制定。各行政主体制定的规范性文件必须在法定职权范围内，并且制定过程也必须符合有关程序要求。法定职权可以看执法依据，这在目前开展的行政执法责任制中有要求，法定程序各行政主体规定也不同。第三，具有普遍约束力。这里面有两层意思，首先是针对不特定的多数人，再就是能反复适用。

2. 规范性文件在卫生计生综合执法监督中的作用　随着卫生行政管理体制的逐步完善和依法监督的不断健全，规范性文件在卫生行政管理与行政执法中的地位和作用也日趋显著。从卫生计生综合执法监督与实践来看，规范性文件是卫生计生综合管理和监督的重要依据，是实施有关法律、法规和规章所不可或缺的，并对法律法规起着重要的补充作用。

3. 国家卫生计生委公布的与计划生育监督相关规范性文件

（1）国家卫生计生委办公厅关于规范有序开展孕妇外周血胎儿游离DNA产前筛查与诊断工作的通知（国卫办妇幼发〔2016〕45号）2016-10-27

（2）国家卫生计生委关于印发计划生育监督工作规范（试行）的通知（国卫监督发〔2015〕59号）2015-5-4

（3）国家卫生计生委关于规范人类辅助生殖技术与人类精子库审批的补充规定（国卫妇幼发〔2015〕56号）2015-4-13

（4）国家卫生计生委关于加强人类辅助生殖技术与人类精子库管理的指导意见（国卫妇幼发〔2015〕55号）2015-4-9

（5）国家卫生计生委关于印发人类辅助生殖技术配置规划指导原则（2015版）的通知（国卫妇幼发〔2015〕53号）2015-4-9

（6）国家卫计委、公安厅关于启用和规范管理新版《出生医学证明》的通知（国卫妇幼发〔2013〕52号）2013-12-27

（7）加强产科安全管理的十项规定（国卫办妇幼发〔2013〕15号）2013-9-9

（8）卫生部关于印发《孕产期保健工作管理办法》和《孕产期保健工作规范》的通知（卫妇社发〔2011〕56号）2011-6-23

（9）卫生部关于印发《新生儿疾病筛查技术规范（2010年版）》的通知（卫妇社发〔2010〕96号）2010-11-10

（10）卫生部办公厅关于印发《全儿童保健工作规范（试行）》的通知（卫妇社发〔2009〕235号）2009-12-17

（11）卫生部关于进一步加强出生医学证明管理的通知（卫妇社发〔2009〕96号）2009-9-29

（12）卫生部关于加强人类辅助生殖技术和人类精子库设置规划和监督管理的通知（卫科教发〔2007〕163号）2007-5-15

（13）卫生部办公厅关于公布第一批人类辅助生殖技术及人类精子库培训基地名单的通知（卫办科教发〔2007〕49号）2007-3-16

（14）国家人口计生委关于印发《计划生育技术服务项目评审基本标准（二）》的通知（国人口发〔2007〕18号）2007-3-14

（15）卫生部关于印发《妇幼保健机构管理办法》的通知（卫妇社发〔2006〕489号）2006-12-19

（16）卫生部关于印发人类辅助生殖技术和人类精子库校验实施细则的通知（卫科教发〔2006〕44号）2006-4-7

（17）卫生部关于印发人类辅助生殖技术和人类精子库培训基地认可标准及管理规定的通知（卫科教发〔2006〕43号）2006-2-7

（18）卫生部办公厅关于印发实施人类辅助生殖技术病历书写和知情同意书参考样式的通知（卫办科教发〔2005〕38号）2005-2-18

（19）卫生部关于修订人类辅助生殖技术与人类精子库相关技术规范、基本标准和伦理原则的通知（卫科教发〔2003〕176号）2003-6-27

（20）卫生部关于印发人类辅助生殖技术与人类精子库评审、审核和审批管理程序的通知（卫科教发〔2003〕177号）2003-6-27

（21）国家计生委关于印发《计划生育技术服务项目评审基本标准（一）》的通知（国计生发〔2001〕140号）2001-12-20

（22）卫生部关于印发《婚前保健工作规范（修订）》的通知（卫基妇发〔2002〕147号）2002-6-17

（23）卫生部关于印发《产前诊断技术管理办法》相关配套文件的通知（卫基妇发〔2002〕307号）2002-12-13

（24）关于落实向农村实行计划生育的育龄夫妻免费提供避孕节育技术服务的通知（国计生发〔2001〕127号）2001-11-7

（25）卫生部关于在婚前医学检查和孕产妇体检中进行艾滋病检测有关问题的通知（卫基妇发〔2000〕401号）2000-11-14

（26）卫生部基妇司关于《母婴保健法》执业证件管理的补充规定（卫基妇幼卫发〔1999〕第41号）1999-12-13

（27）母婴专项技术服务基本标准（卫妇发〔1995〕第7号）1995-8-7

第五节　相关批复

一、批复概述

一般来说批复是适用于答复下级机关请示事项的回复性公文，根据其内容、性质可分为审批性批复和指示性批复。前者主要针对下级机关请示的公务事宜，经审核后作出答复，比如关于机构设置、人事安排、项目设立、资金划拨等事项的审批。这类批复只有个案价值，不具普遍约束力。后者主要针对有关政策、法律法规的解释和说明等问题进行答复，是有关机关统一行政政策、方针、执法标准的重要手段，其指示性内容在其管辖范围内具有普遍的指导和规范作用。指示性批复的普遍效力主要在行政机关内部，只要不违反法律规定而通过一定的方式告知本系统即可产生内部的普遍约束力。本节所提的批复就是指示性批复。

二、批复性质

根据最高人民法院制定的《关于司法解释工作的规定》第 6 条规定，批复是对具体应用法律问题的请示制定的司法解释；同时根据《党政机关公文处理工作条例》第二章规定，批复适用于答复下级机关请示事项。批复具有以下特点：一是行文具有被动性。批复的写作以下级的请示为前提，它是专门用于答复下级机关请示事项的公文，先有上报的请示，后有下发的批复，一来一往，被动行文，这一点与其他公文有所不同；二是内容具有针对性。批复要针对请示事项表明是否同意或是否可行的态度，批复事项必须针对请示内容来答复，而不能另找与请示内容不相关的话题。因此批复的内容必须明确、简洁，以利下级机关贯彻执行；三是效用的权威性。批复表示的是上级机关的结论性意见，下级机关对上级机关的答复必须认真贯彻执行，不得违背，批复的效用在这方面类似命令、决定，带有很强的权威性；四是态度的明确性。批复的内容要具体明确，不能有模棱两可的语言，使得请示单位不知道如何处理。因此，本节所统计的批复的性质就是对法律法规规章的解释。

三、批复产生的原因和效力

根据《中华人民共和国立法法》《行政法规制定程序条例》《规章制定程序条例》的规定，计划生育方面的法律法规规章的解释（批复）产生的原因是由于政策和法律法规的滞后，以及计划生育日常监督工作中存在的新情况等原因，导致各地开展计划生育监督工作遇到瓶颈，需要有关部门释法以明确应用。为解决计划生育监督工作中的现实问题，全国人大、最高人民法院以及国家相关部门出台了一系列的相关解释（批复）。

根据《中华人民共和国立法法》《行政法规制定程序条例》《规章制定程序条例》和最高人民法院《关于审理行政案件适用法律规范问题的座谈会纪要》（法〔2004〕96 号）的规定，批复就是依法有权作出的具有普遍司法效力的解释，是法律法规应用于具体案件的桥梁，也是法律法规发展完善的必经之路。法律法规规章的解释（批复）具有与相关法律法规规章同等效力。

四、具体批复

1. 全国人大常委会法工委关于征收计划外生育费是否适用行政处罚法的批复（法工委复字〔1996〕2 号）

2. 最高人民法院行政审判庭关于对征收计划外生育费能否继续适用最高人民法院有关规定的请示的答复

3. 最高人民法院关于不服计划生育管理部门采取的扣押财物、限制人身自由等强制措施而提起的诉讼人民法院应否受理问题的批复(法复〔1997〕3号)

4. 中华人民共和国公安部《关于有关国籍认定问题的复函》(公境外〔1997〕839号)

5. 国家计生委政法司关于对广东省计生委政法处关于我国公民单程出境后回国复户有关计划生育政策适用问题的请示的批复(计生政〔1997〕13号)

6. 国家计生委办公厅关于对《关于加强三非外国人综合治理工作的通知》征求意见函的复函(计生厅(函)〔1997〕126号)

7. 国家计生委办公厅对《关于李某某、许某某夫妇在美国生育的孩子应否处理的请示》的复函(计生厅(函)〔1997〕177号)

8. 国家计生委政法司对广东省计生委政法处关于涉外再婚生育政策请示的复函(计生政〔1998〕8号)

9. 国家计生委政法司关于对甘某某同志可否再生育的请示的复函(计生政〔1998〕12号)

10. 国家计生委关于内地居民涉港生育问题的规定和关于中国内地居民涉外生育问题的规定(国计生委〔1998〕111号)

11. 国家计生委政法司对广东省计生委政法处关于内地居民涉港澳台生育问题的请示的复函(计生政〔1996〕6号)

12. 国家计生委政法司对湖南省计生委政法处关于计划外生育处罚时效问题的答复(计生政函〔2000〕第11号)

13. 国家计生委政法司关于对湖南省有关涉外及涉港澳台生育政策问题的复函(计生政函〔2001〕第16号)

14. 国家计生委关于出国留学人员生育问题的规定(国计生发〔2002〕34号)

15. 国家计生委政法司关于第一个子女为病残儿再生育政策表述问题的函(计生政函〔2002〕9号)

16. 国家计生委办公厅关于对青岛市计生委就向国外送养子女有关问题的请示的批复(计生厅函〔2003〕32号)

17. 国家计生委办公厅关于对大连市计生委关于出国留学人员、华侨身份界定及相关问题的请示的批复(计生厅函〔2003〕43号)

18. 卫生部办公厅关于对在医疗保健机构外分娩的婴儿发放出生医学证

明问题的函(卫办基妇函〔2003〕189号)

19. 国家人口计生委办公厅关于对湖北省人口计生委关于湖北省农村部分计划生育家庭奖励扶助对象确认条件的政策性解释的请示的批复(人口厅发〔2004〕32号)

20. 卫生部关于乳腺外科手术项目相关执业登记事宜的批复(卫政法发〔2004〕170号)

21. 国家人口计生委关于对重庆市人口计生委将符合政策生育的双女户纳入奖励扶助范围请示的批复(国人口发〔2005〕61号)

22. 国家人口计生委办公厅关于对民营医疗机构开设计划生育科目有关问题请求的批复(国人口厅发〔2005〕57号)

23. 国家人口计生委对内蒙古自治区人口计生委关于将特殊情况的有关人员纳入农村部分计划生育家庭奖励扶助范围请示的批复(国人口函〔2006〕129号)

24. 卫生部关于广东省部队医院母婴保健技术准入问题的批复(卫妇社发〔2006〕350号)

25. 卫生部关于未经执业注册医师私自开展家庭接生造成人员死亡有关法律适用和案件移送问题的批复(卫政法发〔2006〕483号)

26. 国家人口计生委对湖南省人口计生委关于覃某易某夫妇在香港生育第二个子女有关政策性问题请示的批复(国人口函〔2007〕100号)

27. 国家人口计生委对浙江省人口计生委关于要求明确若干涉侨生育政策形式的复函(国人口函〔2007〕213号)

28. 国家中医药管理局办公室关于中医医师开展计划生育手术有关问题的复函(国中医药办函〔2008〕116号)

29. 卫生部关于《产前诊断技术管理办法》第二条适用问题的批复(卫政法函〔2008〕68号)

30. 卫生部关于出生医学证明发放问题的批复(卫妇社函〔2009〕392号)

31. 国家人口计生委对浙江省人口计生委关于中国内地居民在境外生育第一个子女是否计算子女数问题的复函(国人口政法函〔2011〕197号)

第三章 计划生育技术服务监督

第一节 概　　述

一、计划生育技术服务监督的目的意义

我国是人口众多的国家，实行计划生育是国家的基本国策。国家采取综合措施，控制人口数量，提高人口素质。国家建立婚前保健、孕产期保健制度，防止和减少出生缺陷，提高出生婴儿健康水平。各级人民政府采取措施，保障公民享有计划生育技术服务，提高公民的生殖健康水平。加强计划生育技术服务监管工作，保障公民的生殖健康权利，打击威胁母婴健康的违法行为，规范计划生育技术服务机构和人员从事计划生育技术服务，构建优质高效、群众满意的妇幼健康服务体系，提高出生人口素质和妇女儿童健康水平。

二、计划生育技术服务监管的法律制度

2001 年 12 月 29 日第九届全国人民代表大会常务委员会第二十五次会议通过了《中华人民共和国人口与计划生育法》，中华人民共和国主席令第 63 号公布，自 2002 年 9 月 1 日起施行。2015 年 12 月 27 日，根据第十二届全国人民代表大会常务委员会第十八次会议《关于修改〈中华人民共和国人口与计划生育法〉的决定》修正。计划生育作为基本国策，在经历了比较漫长的过程后有了一部专门法律可依，同时也给计划生育工作提出了新的标准、新的要求。2001 年 6 月 13 日公布了《计划生育技术服务管理条例》（国务院令第 309 号），自 2001 年 10 月 1 日起施行，2004 年 12 月 10 日作了修订；2001 年 12 月 29 日发布《计划生育技术服务管理条例实施细则》（国家计划生育委员会令第 6 号），2001 年 11 月 16 日发布《计划生育技术服务机构执业管理办法》（国家计划生育委员会令第 5 号）；2002 年 11 月 29 日原卫生部、原国家药品监管局公布了《关于禁止非医学需要的胎儿性别鉴定和选择性别的人工终止妊娠的

规定》，2016年5月1日施行《禁止非医学需要的胎儿性别鉴定和选择性别的人工终止妊娠的规定》（国家计划生育委员会令第9号），原规定予以废止；并且相继出台了《计划生育技术服务项目评审基本标准（一）》《计划生育技术服务项目评审基本标准（二）》等规范性文件。在此基础上，各地方结合实际，制定了一系列地方性法规、规章等。上述法律制度为依法开展计划生育技术服务监管提供了法律依据。

三、计划生育技术服务的许可条件及程序

（一）计划生育技术服务许可的设定

《计划生育技术服务管理条例》第二十一条规定：设立计划生育技术服务机构，由设区的市级以上地方人民政府计划生育行政部门批准，发给《计划生育技术服务机构执业许可证》，并在《计划生育技术服务机构执业许可证》上注明获准开展的计划生育技术服务项目。《计划生育技术服务管理条例》第二十二条规定：从事计划生育技术服务的医疗、保健机构，由县级以上地方人民政府卫生行政部门审查批准，在其《医疗机构执业许可证》上注明获准开展的计划生育技术服务项目，并向同级计划生育行政部门通报。因此，计划生育技术服务许可是依据《计划生育技术服务管理条例》设定实施的。

从事计划生育技术服务的机构包括计划生育技术服务机构和从事计划生育技术服务的医疗、保健机构。计划生育技术服务机构是指依照条例规定取得执业许可、隶属同级卫生和计划生育行政部门、具有医疗保健性质、从事计划生育技术服务的非营利的公益性全额拨款事业单位。从事计划生育技术服务的医疗、保健机构是指已持有《医疗机构执业许可证》，又依照条例规定设有计划生育技术服务科（室），并取得计划生育技术服务项目执业许可的医疗、保健单位。

《计划生育技术服务管理条例实施细则》第三十三条规定：计划生育技术服务人员实行持证上岗的制度。从事计划生育技术服务的各类技术人员，应当经过相应的业务培训，熟悉相关的专业基础理论知识和实际操作技能，了解国家和地方的计划生育政策，掌握计划生育技术标准、服务规范，取得《合格证》，按《合格证》载明的服务项目提供服务。在计划生育技术服务机构或从事计划生育技术服务的医疗、保健机构中从事计划生育技术服务的人员的《合格证》的审批、校验及其管理分别由设区的市级以上地方人民政府计划生育行政部门、县级以上地方人民政府卫生行政部门负责。

2004年6月29日国务院令第412号发布的《国务院对确需保留的行政审批项目设定行政许可的决定》中第208项将核发《计划生育技术服务人员合格证》列为确有必要保留的行政审批事项。

计划生育技术服务人员是指依照《计划生育技术服务管理条例》和《计划生育技术服务管理条例实施细则》的规定，取得《计划生育技术服务人员合格证》（以下简称《合格证》）并在从事计划生育技术服务的机构中从事计划生育技术指导、咨询以及与计划生育有关的临床医疗服务的人员。从事计划生育技术服务的各类技术人员，应当经过相应的业务培训，熟悉相关的专业基础理论知识和实际操作技能，了解国家和地方的计划生育政策，掌握计划生育技术标准、服务规范，取得《合格证》，按《合格证》载明的服务项目提供服务。计划生育技术服务人员中依据《计划生育技术服务管理条例》的规定从事与计划生育有关的临床服务人员，应当依照《中华人民共和国执业医师法》及国家有关乡村医师、护士等卫生技术人员管理的规定，向所在地县级以上地方人民政府卫生和计划生育行政部门申请注册。

（二）计划生育技术服务的许可内容

计划生育技术服务是指使用手术、药物、工具、仪器、信息及其他技术手段，有目的地向育龄公民提供生育调节及其他有关的生殖保健服务的活动，包括计划生育技术指导、咨询以及与计划生育有关的临床医疗服务。计划生育技术指导、咨询包括下列内容：①避孕节育与降低出生缺陷发生风险及其他生殖健康的科普宣传、指导和咨询；②提供避孕药具，对服务对象进行相关的指导、咨询、随访；③对施行避孕、节育手术和输卵（精）管复通手术的，在手术前、后提供相关的指导、咨询和随访。

与计划生育有关的临床医疗服务包括下列内容：①避孕和节育的医学检查，主要指按照避孕、节育技术常规，为了排除禁忌证、掌握适应证而进行的术前健康检查以及术后康复和保证避孕安全、有效所需要的检查；②各种计划生育手术并发症和计划生育药具不良反应的诊断、鉴定和治疗；③施行各种避孕、节育手术和输卵（精）管复通术等恢复生育力的手术以及与施行手术相关的临床医学诊断和治疗；④根据国家计划生育委员会和卫生部共同制定的有关规定，开展围绕生育、节育、不育的其他生殖保健服务；⑤病残儿医学鉴定中必要的检查、观察、诊断、治疗活动。

县级以上城市从事计划生育技术服务的机构可以在批准的范围内开展下列与计划生育有关的临床医疗服务：①避孕和节育的医学检查；②计划生育手术并发症和计划生育药具不良反应的诊断、治疗；③施行避孕、节育手术和输卵（精）管复通手术；④开展围绕生育、节育、不育的其他生殖保健项目。具体项目由国务院计划生育行政部门、卫生行政部门共同规定。

乡级计划生育技术服务机构可以在批准的范围内开展下列计划生育技术服务项目：①放置宫内节育器；②取出宫内节育器；③输卵（精）管结扎术；④早期人工终止妊娠术。

（三）计划生育技术服务许可的办理

根据《计划生育技术服务机构执业管理办法》、2013年《国务院机构改革和职能转变方案》的规定，省、自治区、直辖市卫生和计划生育行政部门负责设区的市级以上计划生育技术服务机构的设置审批、执业许可审批和校验；设区的市级卫生和计划生育行政部门负责县、乡计划生育技术服务机构的设置审批、执业许可审批和校验。2012年《国务院关于第六批取消和调整行政审批项目的决定》（国发〔2012〕52号）将计划生育技术服务机构设立许可的实施机关由设区的市级以上地方人民政府人口计生行政部门，下放至县级以上地方人民政府人口计生行政部门。2013年机构整合，由县级以上地方人民政府卫生和计划生育行政部门负责办理。

1. 申请新设置计划生育技术服务机构应提交以下材料：

（1）《计划生育技术服务机构设置申请表》。

（2）设置可行性研究报告。

（3）选址报告和建筑设计平面图。

（4）设区的市级以上人民政府卫生和计划生育行政部门规定提交的其他材料。

2. 各级政府设置的计划生育技术服务机构按下列原则命名：

（1）省级：×× 省（自治区、直辖市）计划生育技术指导中心、生殖保健服务中心或者其他由省级计划生育行政部门批准的名称。

（2）设区的市级：×× 市（地区、自治州）计划生育指导中心（站、所）。

（3）县级：×× 县（市、区）计划生育服务站。

（4）乡级：×× 乡（镇）计划生育服务所（站）。

3. 申请计划生育技术服务的机构执业许可，应符合从事计划生育技术服务的机构的设置标准和设置规划，还应符合《计划生育技术服务项目评审基本标准（一）》《计划生育技术服务项目评审基本标准（二）》的相关规定，填写《计划生育技术服务机构执业许可申请表》（以下简称《申请表》），并提供以下材料：

（1）《计划生育技术服务机构设置批准书》或《计划生育技术服务管理条例》实施前已取得的执业许可证明文件。

（2）计划生育技术服务机构用房产权证明或者使用证明。

（3）计划生育技术服务机构建筑设计平面图。

（4）计划生育技术服务机构科室设置情况。

（5）计划生育技术服务机构法定代表人和主要负责人、科室负责人及主要技术骨干名录和有关资格证书、执业证书、任职履历证明复印件。

（6）设备清单。

（7）计划生育技术服务机构规章制度。

（8）设区的市级以上卫生和计划生育行政部门规定提交的其他材料。

4. 批准执业的，发给《计划生育技术服务机构执业许可证》，并在《计划生育技术服务机构执业许可证》上载明获准开展的计划生育技术服务项目。

乡级计划生育技术服务机构除可以开展《计划生育技术服务管理条例》第七条规定的计划生育技术指导、咨询外，可根据《从事计划生育技术服务的机构设置标准》和《计划生育技术服务项目评审基本标准》，申请开展避孕和节育的医学检查、放置和取出宫内节育器、绝育术、人工流产术以及与避孕、节育有关的临床技术服务。

乡级计划生育技术服务机构开展放置宫内节育器、取出宫内节育器、输卵（精）管结扎术和早期人工终止妊娠术项目的，向县级以上人民政府卫生和计划生育行政部门提出申请。对符合下列条件的，应当予以批准，并在其执业许可证上注明获准开展的项目：

（1）具有1名以上执业医师或者执业助理医师；其中，申请开展输卵（精）管结扎术、早期人工终止妊娠术的，必须具备1名以上执业医师。

（2）具有与申请开展的项目相适应的诊疗设备。

（3）具有与申请开展的项目相适应的抢救设施、设备、药品和能力，并具有转诊条件。

（4）具有保证技术服务安全和服务质量的管理制度。

（5）符合与申请开展的项目有关的技术标准和条件。

5. 计划生育技术服务机构从事产前诊断的，应当经省、自治区、直辖市人民政府卫生和计划生育行政部门审查批准。

6. 从事计划生育技术服务的机构使用辅助生育技术治疗不育症的，由省级以上人民政府卫生和计划生育行政部门审查批准。

7. 医疗、保健机构开展计划生育技术服务，应当依照原国家计划生育委员会制定的设置标准，内设计划生育科（室），由县级以上地方人民政府卫生和计划生育行政部门审查批准，在其执业许可证上载明获准开展的服务项目。

8. 从事咨询指导、药具发放、手术、临床检验等各类计划生育技术服务的人员，均应申请办理《合格证》。申请办理《合格证》应提交以下文件：

（1）申请人填写的计划生育技术服务人员合格证申请表。申请表应清楚注明技术服务项目的类别，由申请人所在单位审查、签署意见并加盖公章。

（2）设区的市级以上地方人民政府卫生和计划生育行政部门组织的人口政策与计划生育技术基础知识考试和县级以上地方人民政府计划生育行政部门组织的操作技能考核合格的证明文件。

（3）学历、专业技术职称证明文件。

（4）县级以上地方人民政府卫生和计划生育行政部门要求提交的其他材料。

《计划生育技术服务管理条例》第二十二条规定：从事计划生育技术服务的医疗、保健机构，由县级以上地方人民政府卫生和计划生育行政部门审查批准，在其《医疗机构执业许可证》上注明获准开展的计划生育技术服务项目。对于医疗、保健机构，医疗机构执业许可是计划生育技术服务许可的前置条件。各地方在具体实施时不尽相同，上海市通过制订地方法性法规、规范性文件，将《国家卫生部、计生委关于印发〈常用计划生育技术常规〉的通知》（卫基妇发〔2003〕32号）中所列的技术服务项目全部纳入了母婴保健技术服务许可，在《母婴保健技术服务执业许可证》上注明核准项目：包括负压吸宫术、钳刮术、药物流产、中期妊娠引产、皮下埋植术、宫内节育器放置、取出术、输卵管绝育术、输精管绝育术、复通术等，同时在《医疗机构执业许可证》上核准计划生育专业。

在计划生育技术服务机构或从事计划生育技术服务的医疗、保健机构中从事计划生育技术服务的人员的《合格证》的审批、校验及其管理分别由设区的市级以上地方人民政府计划生育行政部门、县级以上地方人民政府卫生行政部门负责。医疗、保健机构从事与计划生育有关的临床服务人员必须具备相应资格。如在医疗机构内实施终止妊娠手术的个人，应当是执业医师（在乡镇卫生院可以是执业助理医师），包括临床类别的妇产科专业、计划生育专业医师（原在计划生育技术服务机构从业的医师）和中医类别的医师。

（四）计划生育技术服务许可的有效期

1.《计划生育技术服务机构执业许可证》的有效期未做明确规定，仅规定校验期。《计划生育技术服务管理条例》第二十五条规定：从事计划生育技术服务的机构的执业许可证明文件每3年由原批准机关校验一次。《计划生育技术服务机构执业管理办法》第八条规定：计划生育技术服务机构的校验期为3年。发证部门每3年进行一次校验。计划生育技术服务机构应当于校验期满前3个月向发证部门申请办理校验手续。

从事计划生育技术服务的机构的执业许可证明文件遗失的，应当自发现执业许可证明文件遗失之日起30日内向原发证机关申请补发。

医疗保健机构开展计划生育技术服务的许可有效期同《医疗机构执业许可证》有效期。

2.《计划生育技术服务人员合格证》的有效期为3年。《计划生育技术服务管理条例实施细则》第三十七条规定：《合格证》的有效期为3年。有效期届满前3个月，持证人应持《合格证》，单位审查意见，近3年内无重大医疗事故、无违背计划生育技术规范和职业道德行为的证明文件，到原发证机关进行校验。逾期未校验的《合格证》自行作废。

计划生育技术服务人员中依据《计划生育技术服务管理条例》的规定从事与计划生育有关的临床服务人员，应当依照执业医师法和国家有关护士管理的规定，分别取得执业医师、执业助理医师、乡村医师或者护士的资格，并在依照《计划生育技术服务管理条例》设立的机构中执业。在计划生育技术服务机构执业的执业医师和执业助理医师应当依照《中华人民共和国执业医师法》的规定向所在地县级以上地方人民政府卫生行政部门申请注册。

第二节 监督检查的内容

计划生育技术服务监督主要包括对计划生育技术服务机构执业资质、对计划生育技术服务机构执业行为和对医疗、保健机构从事计划生育服务的监督。下面我们分别就监督检查要求、检查内容方法进行重点介绍。

一、《计划生育技术服务机构执业许可证》的合法性、有效性

依法持证执业，是计划生育技术服务机构执业的最基本要求，从事计划生育技术服务的机构包括计划生育技术服务机构和从事计划生育技术服务的医疗、保健机构，我们重点围绕计划生育技术服务机构进行讨论。

（一）检查要求

1.《计划生育技术服务机构执业许可证》合法　计划生育技术服务机构合法是指取得《计划生育技术服务机构执业许可证》由合法机关颁发；一是依照分级管辖原则，办理计划生育技术服务机构的设置审批、执业许可审批和校验；二是取得《计划生育技术服务机构执业许可证》的方法或途径合法。如果被许可人以欺骗、贿赂等不正当手段取得《计划生育技术服务机构执业许可证》的，应当予以撤销；三是《计划生育技术服务机构执业许可证》没有非法买卖、出借、出租、涂改、伪造。

2.《计划生育技术服务机构执业许可证》有效　《计划生育技术服务机构执业许可证》有效期为 3 年。《计划生育技术服务管理条例》第二十五条规定《计划生育技术服务机构执业许可证》每 3 年由原批准机关校验一次，并且校验合格。一是有无逾期未校验的情况，二是校验是否合格，计划生育技术服务机构有不符合《计划生育技术服务机构设置标准》等问题的，发证部门可以给予 1～6 个月的暂缓校验期。

（二）检查内容和方法

1. 查验证件　查看《计划生育技术服务机构执业许可证》正、副本原件，核查登记的名称、地址等登记项目、有效期及校验情况等，查看有无超出获准

开展计划生育技术服务项目。对暂缓校验的机构，查看其在暂缓校验期内是否开展计划生育技术服务相关工作。

2. 查看现场　现场查看机构资质是否符合要求。查看其现场房屋是否符合功能要求、设施设备能否正常运转、技术人员是否具备资质等。如手术室不符合院感要求，洁污不分，无洗手设施或与拖布池、器械池共用等。

3. 查阅资料　是否按规定建立相关登记、记录，手术记录上手术医师是否具备相应资质，有无超出核准项目范围实施手术等。

二、计划生育技术服务机构开展计划生育技术服务的监督检查

（一）检查要求

1. 查看《计划生育技术服务执业许可证》上登记内容；

2. 查看工作人员《计划生育技术服务人员合格证》；从事计划生育有关的临床服务的医务人员及技术人员是否具备相应资质等；

3. 现场监督检查，现场查看机构执业是否符合要求；

4. 查阅资料。机构是否按规定建立相关登记、记录，记录是否完整、真实，手术记录上手术医师是否具备相应资质，有无超出核准项目范围实施手术等。追踪孕 14 周以上终止妊娠手术人员的信息，查看有无非医学需要的选择性别终止妊娠，有无违规开展终止妊娠手术的线索。

（二）检查内容和方法

1. 查验证件。查看《计划生育技术服务执业许可证》正、副本原件，核查有效期、登记的名称、地址、具体的技术项目等，并与实际开展的服务项目进行对照，检查有无超出批准范围开展项目。

2. 查看现场，发现违法线索，及时收集、固定证据。①现场查看机构运转是否正常。查看其现场房屋是否符合功能要求、设施设备能否正常运转、药品器械是否在有效期内、技术人员是否具备资质等，对于存在安全隐患的，应采取相应措施。如：有的机构人流手术室不符合院感要求，洁污不分，人员随意进出，无洗手设施或与拖布池、器械池共用，现场急救药品器械不在功能状态等。②现场查看有无未经批准擅自开展计划生育技术服务的行为。如发现未取得终止妊娠手术等资质的机构内设置计划生育手术室、有相关宣传资料、门诊及手术登记记录、相关药品、设备、器械等，应及时收集和固定证据，追踪有无违规开展终止妊娠手术等计划生育技术服务的线索。包括询问就诊人员接受手术的情况、查阅其病史，查阅计划生育手术科室排班表，检验科、B 超室患者检查登记记录，收费室电脑查阅患者挂号收费情况，药房查阅麻醉药品入库及使用等管理情况，必要时手术室翻查医疗废物。

3. 查阅相关资料。是否按规定建立相关登记、记录，记录是否完整、真

实，手术记录上手术医生是否具备相应资质，有无超出核准项目范围实施手术等。追踪有无违规开展终止妊娠手术的线索。

4. 利用超声技术和其他技术手段进行非医学需要的胎儿性别鉴定和选择性别的人工终止妊娠（简称“两非”）监督检查。终止妊娠药品的管理、禁止“两非”的标志、重点追踪孕 14 周以上终止妊娠手术人员的信息，查看有无非医学需要的选择性别终止妊娠。对“两非”的监督检查，根据举报投诉线索，需查阅病史资料、B 超诊断报告或产前诊断报告、手术记录、查验、登记受术者身份证明等，掌握确切的书证，结合对手术者及接受手术者的询问等。

5. 出具计划生育技术相关证明的监督检查。重点确定相关证明出具的程序和内容是否合法和真实，有无造假的线索，一旦发现造假的情况及时收集和固定证据。

6. 计划生育技术服务机构使用卫生技术人员情况的监督检查。重点核实单独从事终止妊娠等计划生育技术服务的人员的相关资质情况，检查有其独立签名的病史及手术记录，发现未取得相应的医师资格和《计划生育技术服务人员合格证》或《母婴保健技术考核合格证书》的，应及时收集和固定证据。

7. 农村免费接受节育手术的监督。检查时重点查看计划生育服务机构在发放避孕药具，开展孕情、环情检查，放置、取出宫内节育器及技术常规所规定的各项医学检查，人工终止妊娠术及技术常规所规定的各项医学检查，输卵管结扎术、输精管结扎术及技术常规所规定的各项医学检查，计划生育手术并发症诊治等项目时有无收费的情况，现场询问就诊人员，查看收费处的收费记录等。

三、医疗、保健机构开展计划生育技术服务的监督检查

（一）检查要求

1. 医疗、保健机构开展计划生育技术服务需办理执业登记。根据《计划生育技术服务管理条例》第二十二条：“从事计划生育技术服务的医疗、保健机构，由县级以上地方人民政府卫生行政部门审查批准，在其《医疗机构执业许可证》上注明获准开展的计划生育技术服务项目，并向同级计划生育行政部门通报。”也就是说，要在《医疗机构执业许可证》妇产科下登记计划生育专业，并且注明具体的技术服务项目。根据《国家计生委关于印发〈计划生育技术服务项目评审基本标准（一）〉的通知》（国计生发〔2001〕140 号）和《国家人口计生委关于印发〈计划生育技术服务项目评审基本标准（二）〉的通知》（国人口发〔2007〕18 号），计划生育技术服务项目主要包括放（取）宫内节育器、终止

早期妊娠手术、终止中期妊娠手术、输卵(精)管绝育术、皮下埋植避孕术、输卵(精)管吻合术、应用麻醉镇痛技术施行负压吸宫术。

2. 医疗、保健机构向农村实行计划生育的育龄夫妻提供节育技术服务不得收取费用。

3. 开展计划生育技术服务的医疗机构、保健不得违规出具虚假证明文件。

(二)检查内容和方法

1. 查验证件。查看《医疗机构执业许可证》正、副本原件,核查有效期、校验情况、登记的诊疗科目等。对于计划生育技术服务与母婴保健技术合并的地方,需查验《母婴保健技术服务执业许可证》正、副本原件,核查有效期、登记的名称、地址、具体的技术项目等,与实际开展的具体项目进行对照,看有无超出批准范围开展项目。对《母婴保健技术服务执业许可证》只核准了终止妊娠手术、结扎手术的医疗机构,要注意检查医疗机构执业许可证是否核准其他的计划生育技术服务项目;对没有核准的,注意查看妇产科或计划生育门诊是否从事放、取宫内节育器、皮下埋植避孕术等项目。

2. 查看现场。发现违法违规线索:①现场查看有无未经批准擅自开展终止妊娠手术行为。发现未取得终止妊娠手术资质的机构内设置计划生育手术室、有相关宣传资料、门诊及手术登记记录、相关药品、设备、器械等,应及时收集和固定证据,追踪有无违规开展终止妊娠手术的线索。②现场查看有资质机构运转是否正常。查看其现场房屋是否符合功能要求、设施设备能否正常运转、药品器械是否在有效期内、技术人员是否具备资质等,对于存在安全隐患的,应采取相应措施。如:有的机构人流手术室不符合院感要求,洁污不分,人员随意进出,无洗手设施或与拖布池、器械池共用,现场急救药品器械不在功能状态等。

3. 查阅资料。是否按规定建立相关登记、记录,记录是否完整、真实,手术记录上手术医师是否具备相应资质,有无超出核准项目范围实施手术等。追踪孕 14 周以上终止妊娠手术人员的信息,看有无非医学需要的选择性别终止妊娠(非医学需要的选择性别终止妊娠事先都会进行胎儿性别鉴定)。

4. 利用超声技术和其他技术手段进行非医学需要的胎儿性别鉴定和选择性别的人工终止妊娠(简称“两非”)的监督检查,监督检查方法和内容与计划生育技术服务机构一致。

5. 其他检查。如询问就诊人员接受手术的情况、查看计划生育手术科室值班情况等。

第三节　违法行为的处理

一、计划生育技术服务机构执业资质的违法行为处理

（一）非法为他人施行计划生育手术

《中华人民共和国人口与计划生育法》第三十六条规定，违反本法规定，有下列行为之一的，由计划生育行政部门或者卫生行政部门依据职权责令改正，给予警告，没收违法所得；违法所得1万元以上的，处违法所得2倍以上6倍以下的罚款；没有违法所得或者违法所得不足1万元的，处1万元以上3万元以下的罚款；情节严重的，由原发证机关吊销执业证书；构成犯罪的，依法追究刑事责任。

（二）擅自从事计划生育技术服务

《计划生育技术服务管理条例》第三十四条规定，计划生育技术服务机构或者医疗、保健机构以外的机构或者人员违反本条例的规定，擅自从事计划生育技术服务的，由县级以上地方人民政府计划生育行政部门依据职权，责令改正，给予警告，没收违法所得和有关药品、医疗器械；违法所得5000元以上的，并处违法所得2倍以上5倍以下的罚款；没有违法所得或者违法所得不足5000元的，并处5000元以上2万元以下的罚款；造成严重后果，构成犯罪的，依法追究刑事责任。

（三）逾期或拒不校验计划生育技术服务执业许可证明文件

《计划生育技术服务管理条例》第三十六条规定，逾期不校验计划生育技术服务执业许可证明文件，继续从事计划生育技术服务的，由原发证部门责令限期补办校验手续；拒不校验的，由原发证部门吊销计划生育技术服务的执业资格。

（四）买卖、出借、出租或者涂改、伪造计划生育技术服务执业许可证明文件

《计划生育技术服务管理条例》第三十七条规定，买卖、出借、出租或者涂改、伪造计划生育技术服务执业许可证明文件的，由原发证部门责令改正，没收违法所得；违法所得3000元以上的，并处违法所得2倍以上5倍以下的罚款；没有违法所得或者违法所得不足3000元的，并处3000元以上5000元以下的罚款；情节严重的，并由原发证部门吊销相关的执业资格。

（五）买卖、出借、出租或涂改、伪造计划生育技术服务人员合格证明文件

《计划生育技术服务管理条例实施细则》第五十条规定，买卖、出借、出租或涂改、伪造计划生育技术服务人员合格证明文件的，由原发证部门责令改正，没收违法所得；违法所得1000元以上的，并处违法所得2倍以上5倍以下

的罚款；没有违法所得或者违法所得不足 1000 元的，并处 1000 元以上 3000 元以下罚款；情节严重的，并由原发证部门吊销相关的执业资格。

二、计划生育技术服务机构执业行为的违法行为处理

（一）未经批准擅自从事产前诊断和使用辅助生育技术治疗不育症

《计划生育技术服务管理条例》第三十五条规定，未经批准擅自从事产前诊断和使用辅助生育技术治疗不育症的，由县级以上地方人民政府卫生行政部门会同计划生育行政部门依据职权，责令改正，给予警告，没收违法所得和有关药品、医疗器械；违法所得 5000 元以上的，并处违法所得 2 倍以上 5 倍以下的罚款；没有违法所得或者违法所得不足 5000 元的，并处 5000 元以上 2 万元以下的罚款；情节严重的，并由原发证部门吊销计划生育技术服务的执业资格。

（二）向农村计划生育育龄夫妻提供避孕、节育手术违法收费

《计划生育技术服务管理条例》第三十八条规定，从事计划生育技术服务的机构向农村实行计划生育的育龄夫妻提供避孕、节育技术服务，收取费用的，由县级地方人民政府计划生育行政部门责令退还所收费用，给予警告，并处所收费用 2 倍以上 5 倍以下的罚款；情节严重的，并对该机构的正职负责人、直接负责的主管人员和其他直接责任人员给予降级或者撤职的行政处分。

（三）未经批准擅自扩大计划生育技术服务项目

《计划生育技术服务管理条例》第三十九条规定，从事计划生育技术服务的机构未经批准擅自扩大计划生育技术服务项目的，由原发证部门责令改正，给予警告，没收违法所得；违法所得 5000 元以上的，并处违法所得 2 倍以上 5 倍以下的罚款；没有违法所得或者违法所得不足 5000 元的，并处 5000 元以上 2 万元以下的罚款；情节严重的，并由原发证部门吊销计划生育技术服务的执业资格。

（四）计划生育技术服务的人员擅自增加计划生育技术服务项目或在执业的机构外从事计划生育技术服务

《计划生育技术服务管理条例实施细则》第五十二条规定，从事计划生育技术服务的人员擅自增加计划生育技术服务项目或在执业的机构外从事计划生育技术服务的，由原发证部门责令改正，给予警告，没收违法所得；违法所得 1000 元以上的，并处违法所得 2 倍以上 5 倍以下的罚款；没有违法所得或者违法所得不足 1000 元的，并处 1000 元以上 3000 元以下罚款；情节严重的，并由原发证部门吊销相关的执业资格。

（五）使用没有依法取得相应的医师资格的人员从事与计划生育技术服务有关的临床医疗服务的机构

《计划生育技术服务管理条例》第四十条规定，从事计划生育技术服务的机

构使用没有依法取得相应的医师资格的人员从事与计划生育技术服务有关的临床医疗服务的，由县级以上人民政府卫生行政部门依据职权，责令改正，没收违法所得；违法所得3000元以上的，并处违法所得1倍以上3倍以下的罚款；没有违法所得或者违法所得不足3000元的，并处3000元以上5000元以下的罚款；情节严重的，并由原发证部门吊销计划生育技术服务的执业资格。

（六）使用没有依法取得《合格证》的人员从事计划生育技术服务

《计划生育技术服务管理条例实施细则》第四十八条规定，计划生育技术服务机构使用没有依法取得《合格证》的人员从事计划生育技术服务的，由县级以上地方人民政府计划生育行政部门责令改正，没收违法所得；违法所得1000元以上的，并处违法所得1倍以上3倍以下的罚款；没有违法所得或者违法所得不足1000元的，并处1000元以上3000元以下的罚款。

（七）计划生育技术服务机构出具假计划生育证明

《中华人民共和国人口与计划生育法》第三十六条规定，计划生育技术服务机构出具假计划生育证明的，由计划生育行政部门或者卫生行政部门依据职权责令改正，给予警告，没收违法所得；违法所得1万元以上的，处违法所得2倍以上6倍以下的罚款；没有违法所得或者违法所得不足1万元的，处1万元以上3万元以下的罚款；情节严重的，由原发证机关吊销执业证书；构成犯罪的，依法追究刑事责任。

（八）计划生育技术服务的机构出具虚假证明文件

《计划生育技术服务管理条例》第四十一条规定，从事计划生育技术服务的机构出具虚假证明文件，构成犯罪的，依法追究刑事责任；尚不构成犯罪的，由原发证部门责令改正，给予警告，没收违法所得；违法所得5000元以上的，并处违法所得2倍以上5倍以下的罚款；没有违法所得或者违法所得不足5000元的，并处5000元以上2万元以下的罚款；情节严重的，并由原发证部门吊销计划生育技术服务的执业资格。

（九）计划生育技术服务人员出具虚假证明文件

《计划生育技术服务管理条例细则》第五十三条第二款规定，从事计划生育技术服务的人员在开展计划生育技术服务时，出具虚假证明文件，由原发证部门责令改正，给予警告，没收违法所得；违法所得1000元以上的，并处违法所得2倍以上5倍以下的罚款；没有违法所得或者违法所得不足1000元的，并处1000元以上3000元以下罚款；情节严重的，并由原发证部门吊销相关的执业资格。

（十）利用超声技术和其他技术手段为他人进行非医学需要的胎儿性别鉴定或者选择性别的人工终止妊娠

《中华人民共和国人口与计划生育法》第三十六条规定，利用超声技术和其他技术手段为他人进行非医学需要的胎儿性别鉴定或者选择性别的人工终止妊娠的，由计划生育行政部门或者卫生行政部门依据职权责令改正，给予警告，没收违法所得；违法所得1万元以上的，处违法所得2倍以上6倍以下的罚款；没有违法所得或者违法所得不足1万元的，处1万元以上3万元以下的罚款；情节严重的，由原发证机关吊销执业证书；构成犯罪的，依法追究刑事责任。

（十一）经批准实施人工终止妊娠手术的机构未建立真实完整的终止妊娠药品购进记录，或者未按照规定为终止妊娠药品使用者建立完整用药档案的

《禁止非医学需要的胎儿性别鉴定和选择性别人工终止妊娠的规定》第二十条规定，经批准实施人工终止妊娠手术的机构未建立真实完整的终止妊娠药品购进记录，或者未按照规定为终止妊娠药品使用者建立完整用药档案的，由县级以上卫生计生行政部门责令改正；拒不改正的，给予警告，并可处1万元以上3万元以下罚款；对医疗卫生机构的主要负责人、直接负责的主管人员和直接责任人员，依法进行处理。

（十二）介绍、组织孕妇实施非医学需要的胎儿性别鉴定或者选择性别人工终止妊娠的

《禁止非医学需要的胎儿性别鉴定和选择性别人工终止妊娠的规定》第二十三条规定，介绍、组织孕妇实施非医学需要的胎儿性别鉴定或者选择性别人工终止妊娠的，由县级以上卫生计生行政部门责令改正，给予警告；情节严重的，没收违法所得，并处5000元以上3万元以下罚款。

（十三）计划生育技术服务机构进行假医学鉴定

《中华人民共和国人口与计划生育法》第三十六条规定，计划生育技术服务机构进行假医学鉴定的，由计划生育行政部门或者卫生行政部门依据职权责令改正，给予警告，没收违法所得；违法所得1万元以上的，处违法所得2倍以上6倍以下的罚款；没有违法所得或者违法所得不足1万元的，处1万元以上3万元以下的罚款；情节严重的，由原发证机关吊销执业证书；构成犯罪的，依法追究刑事责任。

（十四）伪造、变造、买卖计划生育证明

《中华人民共和国人口与计划生育法》第三十七条规定，伪造、变造、买卖计划生育证明，由计划生育行政部门没收违法所得，违法所得5000元以上的，处违法所得2倍以上10倍以下的罚款；没有违法所得或者违法所得不足5000元的，处5000元以上2万元以下的罚款；构成犯罪的，依法追究刑事责任。以不正当手段取得计划生育证明的，由计划生育行政部门取消其计划生育证明；出具证明的单位有过错的，对直接负责的主管人员和其他直接责任人员依法给予行政处分。

（十五）国家机关工作人员违规

《中华人民共和国人口与计划生育法》第三十九条规定，国家机关工作人员在计划生育工作中，有下列行为之一，构成犯罪的，依法追究刑事责任；尚不构成犯罪的，依法给予行政处分；有违法所得的，没收违法所得：

1. 侵犯公民人身权、财产权和其他合法权益的；
2. 滥用职权、玩忽职守、徇私舞弊的；
3. 索取、收受贿赂的；
4. 截留、克扣、挪用、贪污计划生育经费或者社会抚养费的；
5. 虚报、瞒报、伪造、篡改或者拒报人口与计划生育统计数据的。

（十六）卫生和计划生育行政部门违反规定，批准不具备规定条件的计划生育技术服务机构开展与计划生育有关的临床医疗服务项目，或者不履行监督职责，或者发现违法行为不予查处，导致计划生育技术服务重大事故发生的

《计划生育技术服务管理条例》第四十二条规定，计划生育行政部门、卫生行政部门违反规定，批准不具备规定条件的计划生育技术服务机构或者医疗、保健机构开展与计划生育有关的临床医疗服务项目，或者不履行监督职责，或者发现违法行为不予查处，导致计划生育技术服务重大事故发生的，对该部门的正职负责人、直接负责的主管人员和其他直接责任人员给予降级或者撤职的行政处分；构成犯罪的，依法追究刑事责任。

三、医疗、保健机构从事计划生育技术服务违法行为的处理

（一）医疗机构执业许可证未登记计划生育项目开展技术服务

《医疗机构管理条例》第四十七条规定，违反本条例第二十七条规定，诊疗活动超出登记范围的，由县级以上人民政府卫生行政部门予以警告、责令其改正，并可以根据情节处以 3000 元以下的罚款；情节严重的，吊销其《医疗机构执业许可证》。

（二）医疗机构擅自扩大计划生育技术项目

《计划生育技术服务管理条例》第三十九条规定，从事计划生育技术服务的机构违反本条例的规定，未经批准擅自扩大计划生育技术服务项目的，由原发证部门责令改正，给予警告，没收违法所得；违法所得 5000 元以上的，并处违法所得 2 倍以上 5 倍以下的罚款；没有违法所得或者违法所得不足 5000 元的，并处 5000 元以上 2 万元以下的罚款；情节严重的，并由原发证部门吊销计划生育技术服务的执业资格。

（三）医疗机构向农村实行计划生育的育龄夫妻提供节育技术服务收取费用

《计划生育技术服务管理条例》第三十八条规定：从事计划生育技术服务

的机构违反本条例第三条第三款的规定，向农村实行计划生育的育龄夫妻提供避孕、节育技术服务，收取费用的，由县级地方人民政府计划生育行政部门责令退还所收费用，给予警告，并处所收费用 2 倍以上 5 倍以下的罚款；情节严重的，并对该机构的正职负责人、直接负责的主管人员和其他直接责任人员给予降级或者撤职的行政处分。

（四）开展计划生育技术服务的医疗机构违规出具虚假证明文件

《计划生育技术服务管理条例》第四十一条规定，从事计划生育技术服务的机构出具虚假证明文件，构成犯罪的，依法追究刑事责任；尚不构成犯罪的，由原发证部门责令改正，给予警告，没收违法所得；违法所得 5000 元以上的，并处违法所得 2 倍以上 5 倍以下的罚款；没有违法所得或者违法所得不足 5000 元的，并处 5000 元以上 2 万元以下的罚款；情节严重的，并由原发证部门吊销计划生育技术服务的执业资格。

（五）卫生和计划生育行政部门违反规定，批准不具备规定条件的医疗、保健机构开展与计划生育有关的临床医疗服务项目，或者不履行监督职责，或者发现违法行为不予查处，导致计划生育技术服务重大事故发生的

《计划生育技术服务管理条例》第四十二条规定，计划生育行政部门、卫生行政部门违反规定，批准不具备规定条件的计划生育技术服务机构或者医疗、保健机构开展与计划生育有关的临床医疗服务项目，或者不履行监督职责，或者发现违法行为不予查处，导致计划生育技术服务重大事故发生的，对该部门的正职负责人、直接负责的主管人员和其他直接责任人员给予降级或者撤职的行政处分；构成犯罪的，依法追究刑事责任。

第四章

母婴保健技术服务监督

第一节　概　　述

一、相关概念

《中华人民共和国母婴保健法实施办法》第三条规定："母婴保健技术服务主要包括下列事项：(一)有关母婴保健的科普宣传、教育和咨询；(二)婚前医学检查；(三)产前诊断和遗传病诊断；(四)助产技术；(五)实施医学上需要的节育手术；(六)新生儿疾病筛查；(七)有关生育、节育、不育的其他生殖保健服务。"

1. 终止妊娠手术　是指采取手术方式结束胎儿在母体内发育成长的过程。临床应用的终止妊娠手术包括负压吸宫术、钳刮术、羊膜腔内注射引产术、水囊引产术、经腹剖宫取胎术等。

2. 结扎手术　又称绝育手术，指采用手术方法将输精管或输卵管结扎，精子和卵子不能相遇，达到永久避孕的目的。

3. 助产技术　是以支持孕产妇安全分娩为目的实施的系列技术，包括正常产程的处理、会阴切开缝合术、胎头吸引术、产钳术、内倒转术、臀位牵引术、剖宫产术以及相关必要的技术。

4. 婚前医学检查　对准备结婚的男女双方可能患影响结婚和生育的疾病进行医学检查。婚前医学检查的主要疾病包括严重遗传性疾病、指定传染病、有关精神病。

5. 产前诊断　是指对胎儿进行先天性缺陷和遗传性疾病的诊断，包括相应筛查。产前诊断技术项目包括遗传咨询、医学影像、生化免疫、细胞遗传和分子遗传等。

6. 新生儿疾病筛查　是指在新生儿期对严重危害新生儿健康的先天性、遗传性疾病施行专项检查，提供早期诊断和治疗的母婴保健技术。

二、母婴保健技术服务监管的法律制度

1994年10月，全国人大常委会审议通过《中华人民共和国母婴保健法》，标志着我国母婴保健工作进入了法制化管理的新阶段。现行有效的母婴保健技术服务相关法律、法规、规章主要有《中华人民共和国母婴保健法实施办法》《母婴保健专项技术服务许可及人员资格管理办法》《产前诊断技术管理办法》《新生儿疾病筛查管理办法》《母乳代用品销售管理办法》《母婴保健医学技术鉴定管理办法》等。

三、母婴保健技术服务许可

《中华人民共和国母婴保健法》第三十二条、三十三条和《中华人民共和国母婴保健法实施办法》第三十五条规定，医疗保健机构和人员从事遗传病诊断、产前诊断、婚前医学检查、助产技术、结扎手术、终止妊娠手术需经过许可。

不同的母婴保健专项技术许可应由不同级别的卫生计生行政部门依职权实施，主要是在考核、评价申请机构和人员技术能力和条件的基础上作出。其中从事遗传病诊断、产前诊断的医疗、保健机构和人员，须经省、自治区、直辖市人民政府卫生计生行政部门许可；从事婚前医学检查的医疗、保健机构和人员，须经设区的市级人民政府卫生计生行政部门许可；从事助产技术服务、结扎手术和终止妊娠手术的医疗、保健机构和人员，须经县级人民政府卫生计生行政部门许可。

《母婴保健技术服务执业许可证》的有效期为3年，有效期满继续开展母婴保健专项技术服务的，应重新办理审批手续；《母婴保健技术服务考核合格证书》的有效期法律、行政法规、部门规章或规定没有统一规定，如果省级卫生计生行政部门有规定的，从其规定。

第二节　监督检查的内容

一、终止妊娠手术的监督

1. 执业要求

（1）从事终止妊娠手术的机构必须是取得相应技术服务项目许可的医疗、保健机构或计划生育技术服务机构。

非医疗、保健机构或计划生育技术服务机构不得实施终止妊娠手术。

从事终止妊娠手术的医疗、保健机构应由县级以上卫生计生行政部门审查批准，取得终止妊娠手术类《母婴保健技术服务执业许可证》；计划生育服务机构在其《计划生育技术服务机构许可证》上注明获准该项目。

医学需要的终止妊娠只能由取得《母婴保健技术服务执业许可证》的医疗机构实施。所谓医学需要的人工终止妊娠，是指因某种疾病或胎儿畸形，妊娠可能危及孕妇生命安全或者可能严重影响孕妇健康和胎儿正常发育，需要采取人工方式终止妊娠（如严重的妊娠合并症或并发症）。

（2）医疗机构从事终止妊娠手术的人员必须取得终止妊娠手术类技术服务资格。

医疗、保健机构和计划生育服务机构内从事终止妊娠手术的人员须经县级卫生计生行政部门许可，取得终止妊娠手术类《母婴保健技术考核合格证书》，应当是执业医师（在乡镇卫生院可是执业助理医师），执业范围为妇产科专业、计划生育专业医师。根据国家中医药管理局办公室关于中医医师开展计划生育手术有关问题的复函（国中医药办函〔2008〕116号）："在医疗机构中执业范围注册为中医专业、从事中医妇产科临床工作的医师，经过计划生育技术服务相关知识和技能学习、培训，取得相应资质后，其执业范围包括计划生育技术服务专业，可从事计划生育技术服务工作。"因此，中医专业医师经过相关培训考核，可以从事终止妊娠手术。

（3）不得开展非医学需要的选择性别的终止妊娠手术（参见打击"两非"部分）。

（4）开展终止妊娠手术应当建立相关记录。如建立手术知情同意书、手术记录等相关资料。对于应用麻醉镇痛技术施行终止妊娠手术的，还要建立麻醉知情同意书及相关记录。按照国家卫生计生委、工商局、药监局联合下发的《禁止非医学需要的胎儿性别鉴定和选择性别人工终止妊娠的规定》要求，手术前应当登记、查验受术者身份证明信息，并及时将手术实施情况通报当地县级卫生计生行政部门；经批准实施人工终止妊娠手术的医疗卫生机构应当建立真实、完整的终止妊娠药品购进记录，并为终止妊娠药品使用者建立完整档案。

（5）终止妊娠手术的场地、设备、设施等需符合《母婴保健专项技术服务基本标准》基本标准要求，保证正常运转。

2. 检查方法

（1）查《医疗机构执业许可证》和《母婴保健技术服务执业许可证》持证情况，看是否在有效期，有无未经批准或超出批准范围开展此项目。

（2）查验实施终止妊娠手术人员的执业资质证件，如《执业医师证书》或《执业助理医师证书》《母婴保健技术考核合格证书》《计划生育服务人员合格证》等，与开展的实际项目内容是否相对应。

（3）现场查看有无非医疗机构擅自开展终止妊娠手术行为。发现未取得终止妊娠手术资质的机构内设置计划生育手术室、有相关宣传资料、门诊及手术登记记录、相关药品、设备、器械等，应及时收集和固定证据，追踪有无违规开展终止妊娠手术的线索。

对于医疗机构有资质的，重点查看其执业行为是否规范，房屋是否符合功能要求、设施设备能否在功能状态、药品器械是否在有效期内等，对于存在安全隐患的，及时下达监督意见书责令整改，对违法行为进一步调查处理。开展无痛人流术的，要关注其麻醉药品的管理是否规范。

（4）现场查看医疗、保健机构、计划生育服务机构在工作场所是否设置“禁止非医学需要的胎儿性别鉴定和选择性别人工终止妊娠”的醒目标志。

（5）查看相关登记、记录情况。看是否按规定建立相关登记、记录，是否完整、真实，查看手术记录上手术医师是否具备相应资质，有无超出核准项目范围实施手术等。

（6）询问就诊人员接受手术的情况了解机构或人员有无非法实施相应技术项目，查看计划生育手术科室人员值班情况，核查从业人员是否具有资质等。

二、助产技术的监督

1. 执业要求

（1）机构从事助产技术服务须取得《医疗机构执业许可证》和助产技术服务类《母婴保健技术服务执业许可证》。《中华人民共和国母婴保健法实施办法》第三十五条第三款规定：“从事助产技术服务医疗、保健机构和人员须经县级人民政府卫生行政部门许可，并取得相应的合格证书。”

（2）从事助产技术的技术人员应当取得助产技术类《母婴保健技术考核合格证书》。从事助产技术人员主要包括妇产科、中医专业医师、助产士（护士），其中手术类助产只能由医师进行。根据《城市社区卫生服务机构管理办法（试行）》第二十二条规定：“临床类别、中医类别执业医师注册相应类别的全科医学专业为执业范围，可从事社区预防保健以及一般常见病、多发病的临床诊疗，不得从事专科手术、助产、介入治疗等风险较高、不适宜在社区卫生服务机构开展的专科诊疗，不得跨类别从事口腔科诊疗。”执业范围为全科医学的医师不能从事助产技术。

家庭接生员是国家对农村地区尚未完全实现住院分娩而承认其作为农村妇幼保健服务补充的特殊群体。家庭接生仅限交通不便的边远、少数民族地区无住院分娩条件的地区。家庭接生由经过培训、具备相应接生能力的家庭接生人员接生。

（3）规范管理和出具相关医学文书。助产技术服务人员未经亲自接生不得在出生医学证明上签发分娩信息，或出具接生证明，不得出具虚假接生证明或出生证明。

（4）助产技术实施应符合原卫生部《孕产期保健工作规范》相关要求。

2. 检查方法

（1）查《医疗机构执业许可证》和《母婴保健技术服务执业许可证》持证情况，看是否在有效期，有无未经批准或超出批准范围开展此项目。

（2）查验助产人员的执业资质证件，如《执业医师证书》或《执业助理医师证书》《母婴保健技术考核合格证书》等，与其执业范围、开展的实际项目内容是否相对应。

（3）现场查看有无未经批准擅自开展助产技术行为。如机构内发现有分娩室、产房标识，现场有产妇，有产床、产包等接生相关设备、器械以及缩宫素、止血药等，应及时采取相应措施。

（4）现场查看医疗机构开展助产技术的场所要符合医院感染管理等相关要求。

（5）查看助产技术相关医学文书。通过查看归档病历可以追踪其是否开展助产技术，以及是否在批准范围内开展相应技术。对于已具备助产技术服务资质的机构，可以通过查看病历中接生记录，核查是否具备相应资质，也可通过核对病历中接生人员姓名与出生医学证明上接生人员是否一致，从而证实出生医学证明的真实性、准确性。

（6）其他。如询问产妇接受助产技术服务的情况，了解助产技术服务的规范性等。

三、结扎手术监督

1. 执业要求

（1）开展结扎手术服务机构必须是医疗机构或计划生育技术服务机构，且取得《母婴保健技术服务执业许可证》或者《计划生育技术服务执业许可证》上批准有输卵（精）管绝育术。

非医疗、计划生育技术服务机构不得实施结扎手术。

（2）从事结扎手术的人员应当具备相应资质。医疗机构内从事结扎手术人员必须取得医师执业资格（乡镇卫生院可以是执业助理医师），输精管结扎术（男扎）由外科或计划生育、经培训考核合格的中医专业医师实施，输卵管结扎手术（女扎）由妇产科或计划生育医师、经培训考核合格的中医专业医师实施，均需取得《母婴保健技术服务考核合格证书》。计划生育技术服务机构的人员需取得《计划生育技术服务人员合格证书》，注明有输卵管或输精管绝育术项目。

（3）开展结扎手术的场地、设备、设施等需符合基本标准。

结扎手术特别是输卵管结扎手术应在综合手术室进行。

（4）结扎手术须按要求建立相关记录。

2. 检查方法　与终止妊娠手术的检查方法基本相同，包括查看机构《医疗机构执业许可证》《母婴保健技术服务执业许可证》等及看现场、病历、手术登记资料等。

四、婚前医学检查的监督

1. 执业要求

（1）婚前医学检查机构由取得婚前医学检查类《母婴保健技术服务执业许可证》的县级以上医疗、保健机构进行。《中华人民共和国母婴保健法》第三十二条规定，医疗保健机构开展婚前医学检查的，必须符合国务院卫生行政部门规定的条件和技术标准，并经县级以上地方人民政府卫生行政部门的许可。按照《婚前保健工作规范》规定，从事外国人、港澳台居民和居住在国外的中国公民婚前医学检查的机构应为省级医疗机构，或经省级卫生行政部门同意的设区的市、县级医疗保健机构。

（2）医疗机构取得婚前医学检查类《母婴保健技术服务执业许可证》的，应在医疗机构执业许可证副本上注明。《中华人民共和国母婴保健法实施办法》第十一条的规定："从事婚前医学检查的医疗、保健机构，由其所在地区的市级人民政府卫生行政部门进行审查，符合条件的，在其《医疗机构执业许可证》上注明。"

（3）从事婚前医学检查的人员应当具备相应资质。从事男、女婚前医学检查的人员必须是医师，并根据《中华人民共和国母婴保健法》第三十三条第二款规定，必须经过县级以上地方人民政府卫生行政部门的考核，取得婚前医学检查类《母婴保健专项技术服务考核合格证书》。主检医师应当具有主治医师以上技术职称。

（4）婚前医学检查相关医学文书。主要包括婚前医学检查表和婚前医学检查证明。任何单位和个人未取得婚前医学检查资质不得出具婚前医学检查证明，取得资质的机构和个人不得出具虚假婚前医学检查证明。婚前医学检查的意见由主检医师出具，印章应使用专用印章。

婚前医学检查表的保存一般不少于30年；婚前医学检查证明（存根）的保存不少于15年。

（5）婚前医学检查应符合原卫生部《婚前保健工作规范》（卫基妇发〔2002〕147号）相关要求。

2. 检查方法　查看机构《医疗机构执业许可证》《母婴保健技术服务执业许可证》、看现场、查阅相关医学文书资料等。

五、产前诊断和遗传病诊断的监督

1. 执业要求

（1）开展产前诊断技术服务的机构应持有合法、有效的《医疗机构执业许可证》和产前诊断技术类《母婴保健技术服务执业许可证》。医疗保健机构开展遗传病诊断、产前诊断的，必须符合国务院卫生行政部门规定的条件和技术标准，并经省、自治区、直辖市人民政府卫生行政部门的许可。

（2）医疗机构应在批准项目范围内开展产前诊断技术服务。产前诊断技术项目包括遗传咨询、医学影像、生化免疫、细胞遗传和分子遗传等。

（3）开展产前诊断和遗传病诊断技术服务的人员应取得相应资质。

1）从事技术服务的医师应取得医师执业资格和《母婴保健技术服务考核合格证书》。主要包括从事产前诊断的遗传咨询、超声诊断、临床、出具实验室诊断报告的人员。

2）从事产前诊断相关实验室技术的人员应取得《医师执业证书》或检验技术职称，并取得《母婴保健技术服务考核合格证书》。产前诊断技术实验室技术人员，主要指从事产前诊断生化免疫、细胞遗传、分子遗传实验室的技术人员以及孕妇外周血胎儿DNA检测实验技术人员等。

3）人员应当在批准的技术项目范围内开展工作。

（4）产前诊断相关医学文书应当规范出具和管理。

1）产前诊断报告：产前诊断报告主要包括医学影像产前诊断报告、实验室诊断报告等，由2名有资质人员签发。其中孕中期母血清学产前筛查报告和染色体核型分析报告的审核人必须具备副高以上技术职称。

产前诊断机构经省级卫生行政部门指定承担医学需要的胎儿性别鉴定的，医学需要的胎儿性别鉴定报告应由3名以上有资质的副高人员集体审核。

2）产前诊断知情告知书：医疗保健机构及其医务人员遇有《产前诊断技术管理办法》第十七条情形时，应当向孕妇或家庭提出进行产前诊断的书面建议。不具备产前诊断资质应告知其到有资质的机构进行产前诊断。

具有产前诊断技术服务资质的机构对一般孕妇实施产前筛查以及应用产前诊断技术应告知，由孕妇或家属进行知情选择。

孕妇自行提出进行产前诊断的，经治医师可根据其情况提供医学咨询，由孕妇决定是否实施产前诊断技术（不具备产前诊断技术服务资质的需转诊到有资质的机构进行）；对自愿要求产前诊断的，由孕妇自行决定，实施具体的技术操作前要有专门告知。

3）产前诊断档案资料：产前诊断病历含术前相关检查登记、知情同意书、细胞遗传学分析实验记录等归入相关档案保存20年以上。

（5）用于产前诊断的相关试剂、设备、软件等应当取得相关资质。如：唐氏综合征产前筛查数据处理软件及试剂盒，需经省级食品药品监督管理部门批准；用于产前诊断的PCR扩增仪应经省级食药监管部门审批，全自动医用PCR分析系统应经国家级药品监督部门审批，人类基因检测体外诊断试剂应有国家食品药品监督部门批准（或进口批件）。

2. 检查方法

（1）查看机构《医疗机构执业许可证》《母婴保健技术服务执业许可证》正、副本原件。核查登记的名称、地址、具体的技术项目有效期及校验情况等。

（2）核查现场开展产前诊断技术服务的人员资质。如现场核对羊水穿刺人员的《执业医师证书》《母婴保健技术服务考核合格证书》等。

（3）查看医疗机构及人员是否存在超出批准范围开展产前诊断技术服务。

（4）查阅资料产前诊断相关文书管理是否规范，档案是否完整。

（5）向孕妇及家属了解有无违规开展产前诊断技术服务的线索。

六、新生儿疾病筛查技术的监督

1. 执业要求

开展新生儿疾病筛查的机构不需要取得母婴保健技术服务执业许可，但《新生儿疾病筛查管理办法》对开展此项技术服务的机构和人员都有具体的规范和要求。

（1）开设产科或儿科的医疗机构都应开展新生儿疾病筛查相关工作。包括新生儿遗传代谢病血片采集及送检、新生儿听力初筛及复筛工作；不具备条件的，应当告知新生儿监护人到有条件的医疗机构进行新生儿疾病筛查血片采集及听力筛查。

（2）新生儿疾病筛查中心由省级卫生行政部门指定。新生儿疾病筛查中心包括新生儿遗传代谢性疾病筛查中心和新生儿听力筛查中心，主要开展新生儿遗传代谢疾病筛查的实验室检测、阳性病例确诊和治疗或者听力筛查阳性病例确诊、治疗等。

（3）开展新生儿疾病筛查的人员应当经过培训。采血人员、召回人员、实验室技术人员、听力筛查和检测人员都应取得技术合格证。其中对遗传代谢病实验室负责人要求具有高级职称，遗传代谢病诊治人员、听力诊治人员应具有中级以上职称。

（4）新生儿疾病筛查须落实自愿和知情选择原则。医疗机构在实施新生儿疾病筛查前，应当将新生儿疾病筛查的项目、条件、方式、灵敏度和费用等情况如实告知新生儿的监护人，并取得签字同意。

2. 检查方法

（1）查看设产科、儿科的医疗机构是否按规定开展新生儿疾病筛查工作，是否建立相关登记，产科病历或新生儿科病历中有无新生儿疾病筛查的知情同意书等。不具备条件的要查看告知新生儿监护人到其他机构进行筛查的记录。

（2）查阅新生儿疾病筛查机构和人员资质证件。开展遗传代谢性疾病实验室检测和新生儿听力诊断的查看有无省级卫生行政部门的批准文件；开展新生儿听力初筛和复筛的看有无市级卫生行政部门批准文件，人员有无相应的培训证书。

（3）新生儿疾病筛查中心实验室管理是否符合要求。是否符合实验室管理相关要求，是否参加相关实验室质量控制评价等。

第三节　违法行为处理

一、非医疗机构开展母婴保健技术服务的处理

对于未取得《医疗机构执业许可证》的机构开展产前诊断、遗传病诊断、婚前医学检查、助产技术、医学需要的终止妊娠手术和结扎手术等母婴保健专项技术服务的，由县级以上卫生计生行政部门按照《医疗机构管理条例》第四十四条和《医疗机构管理条例实施细则》第七十七条，由县级以上人民政府卫生行政部门责令其停止执业活动，没收非法所得和药品、器械，并可以根据情节处以1万元以下的罚款。

对于非计划生育技术服务机构、非医疗机构从事以计划生育为目的的终止妊娠手术和结扎手术的，参照计划生育技术监督部分。

二、非医师从事母婴保健技术服务医师类工作的处理

对医疗机构使用非医师从事母婴保健技术服务医师工作的，按照《医疗机构管理条例》第四十八条和《医疗机构管理条例实施细则》第八十一条，由县级以上人民政府卫生计生行政部门责令其限期改正，并可以处以5000元以下的罚款；情节严重的，吊销其《医疗机构执业许可证》。

非医师个人按照《中华人民共和国执业医师法》第三十九条，由县级以上人民政府卫生行政部门予以取缔，没收其违法所得及其药品、器械，并处10

万元以下的罚款。

对有以下情形之一的，应当依法移送司法追究刑事责任：(一)造成就诊人轻伤、重伤、死亡或者感染艾滋病、病毒性肝炎等难以治愈的疾病的；(二)非法进行节育复通手术、终止妊娠手术或者摘取宫内节育器5人次以上的；(三)致使他人超计划生育的；(四)非法进行选择性别的终止妊娠手术的；(五)非法获利累计5000元以上的；(六)其他情节严重的情形。

三、医疗机构或人员未取得母婴保健技术服务许可擅自开展相应技术服务的处理

医疗、保健机构或者人员未取得母婴保健技术许可，擅自从事婚前医学检查、遗传病诊断、产前诊断、终止妊娠手术和医学技术鉴定或者出具有关医学证明的，按照《中华人民共和国母婴保健法实施办法》第四十条，由卫生行政部门给予警告，责令停止违法行为，没收违法所得；违法所得5000元以上的，并处违法所得3倍以上5倍以下的罚款；没有违法所得或者违法所得不足5000元的，并处5000元以上2万元以下的罚款。

四、从事母婴保健技术服务人员出具虚假医学证明的处理

对从事母婴保健技术服务的人员出具虚假医学证明文件的，按照《中华人民共和国母婴保健法》第三十五条或《中华人民共和国母婴保健法实施办法》第四十一条，由卫生行政部门依法给予行政处分；有下列情形之一的，由原发证部门吊销相应的母婴保健技术执业资格或者医师执业证书：(一)因延误诊治，造成严重后果的；(二)给当事人身心健康造成严重后果的；(三)造成其他严重后果的。

五、违规开展新生儿疾病筛查的处理

医疗机构未经省、自治区、直辖市人民政府卫生行政部门指定擅自开展新生儿遗传代谢病筛查实验室检测的，按照《新生儿疾病筛查管理办法》第十六条、《医疗机构管理条例》第四十七条，由县级以上人民政府卫生计生行政部门予以警告、责令其改正，并可以根据情节处以3000元以下的罚款；情节严重的，吊销其《医疗机构执业许可证》。

开展新生儿疾病筛查的医疗机构违反《新生儿疾病筛查管理办法》规定，有下列行为之一的，按照《新生儿疾病筛查管理办法》第十七条，由县级以上地方人民政府卫生行政部门责令改正，通报批评，给予警告：(一)违反《新生儿疾病筛查技术规范》的；(二)未履行告知程序擅自进行新生儿疾病

筛查的；（三）未按规定进行实验室质量监测、检查的；（四）违反本办法其他规定的。

六、母婴保健技术服务机构或人员从事非医学需要胎儿性别鉴定和选择性别人工终止妊娠的处理

参见打击“两非”部分。

第五章

人类辅助生殖技术的监督

人类辅助生殖技术是近几十年来发展起来的一门新技术，是治疗不孕不育症最有效的方法之一。据统计：全国不孕不育症的发病率约是7%~10%，其中，只有约20%的不孕不育夫妇能够通过人类辅助生殖技术进行受孕。这项技术属于多学科交叉的新技术，包括妇产科学、男科学、遗传学、组织胚胎学、分子生物学等学科。人类辅助生殖技术采用医学技术和手段干预自然生殖环节，必然引发伦理道德和法律责任义务等一系列问题，因此加强人类辅助生殖技术管理，促进技术的规范、有序应用。

第一节 概　　述

一、基本概念与含义

1. 人类辅助生殖技术的概念

（1）人类辅助生殖技术（ART）是指运用医学技术和方法对配子、合子、胚胎进行人工操作，以达到受孕目的的技术，分为人工授精和体外受精-胚胎移植技术及其各种衍生技术（见图5-1）。

（2）人工授精（AI）是指用人工方式将精液注入女性体内以取代性交途径使其妊娠的一种方法。根据精液来源不同，分为丈夫精液人工授精（AIH）和供精人工授精（AID）。

（3）体外受精-胚胎移植技术（IVF-ET）及其各种衍生技术是指从女性体内取出卵子，在器皿内培养后，加入经技术处理的精子，待卵子受精后，继续培养，到形成早期胚胎时，再转移到子宫内着床，发育成胎儿直至分娩的技术。主要包括体外受精-胚胎移植（IVF-ET）、配子或合子输卵管内移植（GIFT/ZIFT）、卵胞浆内单精子显微注射（ICSI）、胚胎冻融（CET/FET）、植入前胚胎遗传学诊断（PGD）等。其中，体外受精 - 胚胎移植技术是人类辅助生殖技术的基本内容和核心技术。

（4）其他相关概念。配子：一般包括雌雄配子，卵母细胞和精子。合子：即受精卵第 1 天，遗传物质尚未整合。胚胎：一般在第 2 天遗传物质重新整合后，再发育形成细胞分裂，即成为胚胎。代孕技术：取出女性卵母细胞与男性精子，在体外受精然后将胚胎移植到“代孕母亲”子宫内直至胎儿成熟分娩的过程。

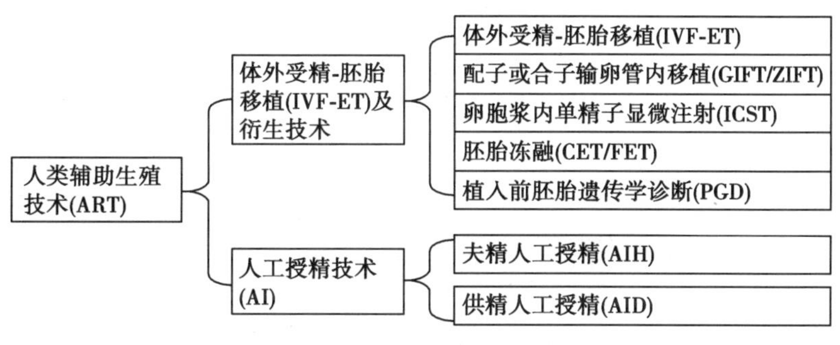

图 5-1 人类辅助生殖技术分类示意图

2. 人类辅助生殖技术业务流程示意图 人工授精技术见图 5-2，人类辅助生殖技术（IVF-ET）流程见图 5-3。

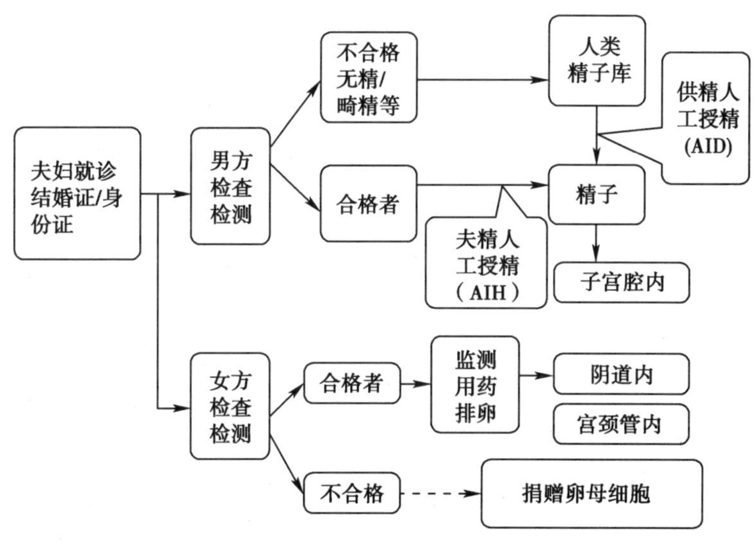

图 5-2 人工授精业务流程示意图

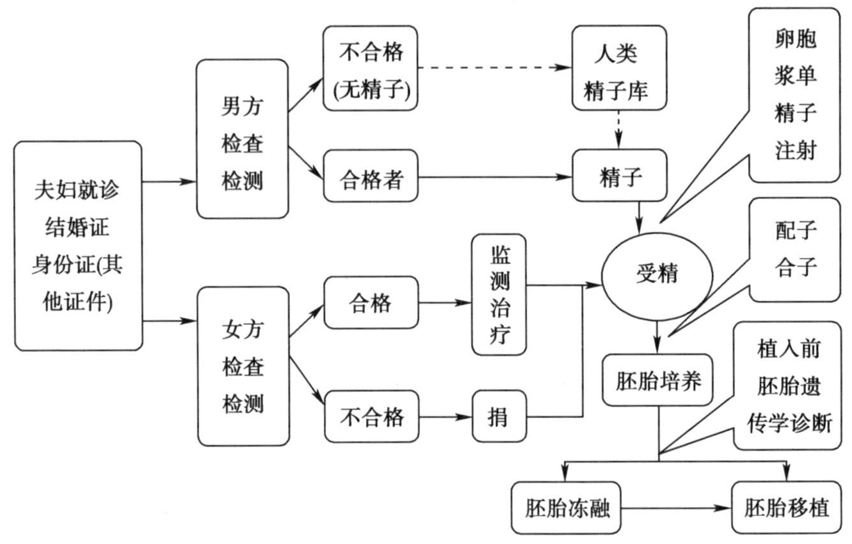

图 5-3 人类辅助生殖技术(IVF-ET)业务流程示意图

二、人类辅助生殖技术及相关政策沿革

1978 年 7 月 25 日，在英国曼彻斯特市郊奥德姆总医院诞生了第一例试管婴儿，之后试管婴儿技术在各国得到迅速发展。我国人类辅助生殖技术的研究和应用起步较晚，但发展较快。1985 年 4 月 16 日，台湾诞生了本地区第 1 例试管婴儿，1986 年 12 月香港诞生本地区第一例试管婴儿。1988 年 3 月 10 日，北京大学第三医院诞生大陆首例试管婴儿。此后，我国人类辅助生殖技术取得巨大进步。在人类辅助生殖技术获得飞速发展的同时，也产生了一些滥用人类辅助生殖技术的现象，引起医学、法律、伦理等方面的专家学者的担忧，并受到国家的高度重视。人类辅助生殖技术管理迫切需要纳入法制化管理轨道。

1989 年原卫生部印发了《关于严禁用医疗技术鉴定胎儿性别和滥用人工授精技术的紧急通知》，规定人工授精除用于科学研究外，其他医疗保健机构一律不得开展。1991 年最高人民法院在有关司法解释中明确指出，“在夫妻关系存续期间，双方一致同意进行人工授精，所生子女应视为夫妻双方的婚生子女”。从法律上明确了该技术应用时涉及的民事主体地位和相应的责任。

为了保证人类辅助生殖技术安全有效和健康发展，规范人类辅助生殖技术的应用和管理，保障人民身体健康，2001 年 2 月 20 日原卫生部颁布了《人类辅助生殖技术管理办法》和《人类精子库管理办法》两个规章。2001 年 5 月 14 日又发布了《人类辅助生殖技术规范》《人类精子库基本标准》《人类精子库技术规范》和《实施人类辅助生殖技术的伦理原则》(以下简称《技术规范、基本标准和伦理原则》),进一步明确了技术规范和管理要求。2003年6月对两个技术规范和一个伦理原则进行修订并重新公布。2001年起,原卫生部经论证并批准了首批可以开展人类辅助生殖技术和可以设置精子库的医疗机构名单。

2003年《中华人民共和国行政许可法》颁布并于2004年7月1日起施行。2004年6月29日《国务院对确需保留的行政审批项目设定行政许可的决定》(国务院令第412号)保留了人类辅助生殖技术和人类精子库管理的行政许可项目。2007年10月9日《国务院关于第四批取消和调整行政审批项目的决定》(国发〔2007〕33号),对人类辅助生殖技术和人类精子库的行政许可权进行调整,全部交由省级卫生行政部门负责。

为进一步规范人类辅助生殖技术和人类精子库管理,在设置规划、执业许可、校验管理、人员培训以及依法执业、质量评估等方面,印发了一系列规范文件:《关于印发人类辅助生殖技术与人类精子库评审、审核和审批管理程序》(卫科教发〔2003〕177号);《人类辅助生殖技术与人类精子库校验实施细则的通知》(卫科教发〔2006〕44号);《关于印发人类辅助生殖技术及人类精子库培训基地认可标准及管理规定的通知》(卫科教发〔2006〕43号)。为引导人类辅助生殖技术健康有序发展,规范该技术的应用,保障人民群众健康权益,维护医疗机构和医务人员的合法权益,印发了《关于加强人类辅助生殖技术和人类精子库设置规划和监督管理的通知》(卫科教发〔2007〕163号)。2013年,原卫生部、解放军总后勤部卫生部共同印发了《关于开展人类辅助生殖技术管理专项整治行动的通知》(卫妇社发〔2013〕9号),并制定了《人类辅助生殖技术管理专项整治行动方案》,提出进一步加强监督队伍建设,明确监管内容,加强宣传教育等要求。为进一步加强人类辅助生殖技术与人类精子库管理,印发了《国家卫生计生委关于加强人类辅助生殖技术与人类精子库管理的指导意见》(国卫妇幼发〔2015〕55号)。为规范辅助生殖技术行政审批行为,印发了《国家卫生计生委关于规范人类辅助生殖技术与人类精子库审批的补充规定》(国卫妇幼发〔2015〕56号)。为贯彻落实《中共中央 国务院关于实施全面两孩政策改革完善计划生育服务管理的决定》和《国务院办公厅关于简化优化公共服务流程方便基层群众办事创业的通知》精神,本着减少环节、精简程序、方便群众的原则,印发了《国家卫生计生委关于简化人类辅助生殖技术治疗时生育证明查验程序的通知》(国卫妇幼函〔2016〕247号)。

人类辅助生殖技术属医疗机构开展的诊疗活动,是一种特殊的医疗技术。因此,开展人类辅助生殖技术的医疗机构、医务人员必须具有相关资质和遵守开展相关诊疗活动的法律要求,如《中华人民共和国母婴保健法》《中华人民共和国人口与计划生育法》《计划生育技术服务管理条例》《中华人民共和国母婴保健法实施办法》《医疗机构管理条例》《护士条例》以及《病历书写基本规范》等相关法律法规的要求；同时还必须遵守人类辅助生殖技术的特殊法律法规要求，如针对性较强如《人类辅助生殖技术管理办法》《人类精子库管理办法》《人类辅助生殖技术规范》《人类精子库基本标准和技术规范》《人类辅助生殖技术和人类精子库伦理原则》等中的专业要求。

三、人类辅助生殖技术管理的目的和伦理原则

1. 目的　保证人类辅助生殖技术安全、有效和健康发展，规范人类辅助生殖技术的应用和管理，保障人民健康。

2. 伦理原则　为安全、有效、合理地实施人类辅助生殖技术，保障个人、家庭以及后代的健康和利益，维护社会公益，人类辅助生殖技术必须遵守以下伦理原则：

（1）有利于患者的原则。

（2）知情同意的原则。

（3）保护后代的原则。

（4）社会公益原则。

（5）保密原则。

（6）严防商业化的原则。

（7）伦理监督的原则。

四、人类辅助生殖技术审批与许可

1. 对象和条件　开展人类辅助生殖技术的机构必须是持有《医疗机构执业许可证》的综合性医院、专科医院或持有《计划生育技术服务执业许可证》的省级以上（含省级）计划生育技术服务机构，并应当符合下列条件：

（1）具有与开展人类辅助生殖技术相适应的卫生专业技术人员及其他专业技术人员。

（2）具有与开展人类辅助生殖技术相适应的技术和设备。

（3）设有医学伦理委员会。

（4）符合原卫生部制定的《人类辅助生殖技术规范》的要求。即在医疗机构（计划生育技术服务机构）的基本条件、管理要求、适应证和禁忌证的管理、质量要求以及人员行为准则等方面符合要求。

2. 审批的权限和时限　2007年10月9日《国务院关于第四批取消和调整行政审批项目的决定》（国发〔2007〕33号）规定，“人类辅助生殖技术行政许可权，全部由省级卫生行政部门负责”。“申请开展供精人工授精和体外受精-

胚胎移植技术及其衍生技术和人工授精技术的医疗机构由省级卫生行政部门审批并报卫生部备案”。

根据《人类辅助生殖技术管理办法》规定，申请开展丈夫精液人工授精技术的，在收到专家论证报告后30个工作日内作出批准意见；申请开展供精人工授精和体外受精－胚胎移植技术及其衍生技术的，在收到专家论证报告后45个工作日内作出批准意见。

根据《国家卫生计生委关于规范人类辅助生殖技术与人类精子库审批的补充规定》（国卫妇幼发〔2015〕56号）关于审批主体要求，申请开展人类辅助生殖技术的医疗机构（以下简称申请机构），向所在省（自治区、直辖市）卫生计生行政部门提出申请。各省（自治区、直辖市）卫生计生行政部门受理机构申请后，按照相关规定确定评审时间，通过国家辅助生殖技术管理信息系统随机抽取评审专家，组建评审专家组进行实地评审。省（自治区、直辖市）卫生计生行政部门根据专家组评审意见进行审核，在规定时限内作出批准或不予批准的决定，并书面告知申请机构，同时报国家卫生计生委备案。

3. 审批后登记　批准开展人类辅助生殖技术的医疗机构应当按照《医疗机构管理条例》的有关规定，持省、自治区、直辖市人民政府卫生计生行政部门的批准证书到核发其《医疗机构执业许可证》的卫生计生行政部门办理变更登记手续。

注意：目前很多省市直接以获得《人类辅助生殖技术批准证书》作为执业许可，而未到核发医疗机构执业许可证的卫生计生行政部门办理变更手续，即在《医疗机构执业许可证》（副本）上注明允许开展人类辅助生殖技术及其项目。

4. 校验　人类辅助生殖技术批准证书每2年校验一次，校验由原审批机关办理。校验合格的，可以继续开展人类辅助生殖技术；校验不合格的，收回其批准证书。

5. 监督管理　国家卫生计生委（原卫生部）主管全国人类辅助生殖技术应用的监督管理工作。县级以上地方人民政府卫生计生行政部门负责本行政区域内人类辅助生殖技术的日常监督管理。

五、人类辅助生殖技术的实施

人类辅助生殖技术必须在经过批准并进行登记的医疗机构中实施，即医疗机构开展人类辅助生殖技术必须取得《医疗机构执业许可证书》，获得省级卫生计生行政部门开展人类辅助生殖技术批准证书后，还应到《医疗机构执业许可证》原发证机关进行变更登记。实施人类辅助生殖技术应当符合原卫生部制定的《人类辅助生殖技术规范》的要求，遵循知情同意原则，并签署知情同意书，涉及伦理问题的，应当提交医学伦理委员会讨论；医疗机构应当与原卫生部批准的人类精子库签订供精协议，并索取精子检验合格证明；严禁私自采精；医疗机构应当为当事人保密，不得泄露有关信息；实施人类辅助生殖技术的医疗机构不得进行性别选择，法律法规另有规定的除外；医疗机构应当建立健全技术档案管理制度，供精人工授精医疗行为方面的医疗技术档案和法律文书应当永久保存；医疗机构从业人员进行业务和伦理学知识培训。

六、实施技术人员的行为准则

从事人类辅助生殖技术的人员必须遵守行为准则和法律法规要求。要求相关人员必须尽到职责，不违背禁止规定。《人类辅助生殖技术规范》规定，实施人类辅助生殖技术的人员应当做到 4 个“必须”和 11 项“禁止”行为。4 个“必须”是：①严格遵守国家人口和计划生育法律法规；②严格遵守知情同意，知情选择的自愿原则；③尊重患者隐私权；④在同一治疗周期中，配子和合子必须来自同一男性和同一女性。

11 项“禁止”是：①禁止无医学指征的性别选择；②禁止实施代孕技术；③禁止实施胚胎赠送；④禁止实施以治疗不育为目的的人卵胞浆移植及核移植技术；⑤禁止人类与异种配子的杂交；禁止人类体内移植异种配子、合子和胚胎；禁止异种体内移植人类配子、合子和胚胎；⑥禁止以生殖为目的对人类配子、合子和胚胎进行基因操作；⑦禁止实施近亲间的精子和卵母细胞结合；⑧禁止在患者不知情和不自愿的情况下，将配子、合子和胚胎转送他人或进行科学研究；⑨禁止给不符合国家人口和计划生育法规和条例规定的夫妇和单身妇女实施人类辅助生殖技术；⑩禁止开展人类嵌合体胚胎试验研究；⑪禁止克隆人。

第二节　监督检查的内容

医疗机构（计划生育技术服务机构）开展体外受精 - 胚胎移植及其衍生技术，主要包括体外受精 - 胚胎移植、配子或合子输卵管内移植、单精子卵细胞内显微注射、胚胎冻融、植入前胚胎遗传学诊断等。其中，配子或合子输卵管内移植技术项目未单独列出（该项技术目前已经很少使用），未在《人类辅助生殖技术批准证书》中显示。开展人类辅助生殖技术监督要熟悉医疗机构（计划生育技术服务机构）应具备的基本条件、人员资质、诊疗科目条件和场所、设备等是否符合相关要求。

一、体外受精 - 胚胎移植及其衍生技术的监督

（一）机构执业资质

1. 监督检查内容　设置和开展体外受精 - 胚胎移植及衍生技术的医疗机构（或省级以上计划生育技术服务机构），根据机构举办主体、类别、科目条件、技术条件、布局条件等综合评估，经省级卫生计生行政部门批准发给批准证书，才具备开展业务的条件。

（1）是否取得《医疗机构执业许可证》。

（2）计划生育技术服务机构是否取得了《计划生育技术服务执业许可证》。

（3）是否取得《人类辅助生殖技术批准书》。

（4）是否经过该机构原执业许可登记机关办理项目变更登记。

（5）开展胚胎移植前遗传学诊断的，是否具备产前诊断的资格。

（6）该机构的其他诊疗科目或住院服务等是否具备开展人类辅助生殖技术的基本条件。

（7）是否具备选择性减胎技术条件。

（8）是否具备胚胎冷冻、保存、复苏的技术和条件。

（9）同时设有人类精子库的，是否分开管理。

2. 监督检查方法

（1）查验证件：直接查看《医疗机构执业许可证书》《计划生育技术服务执业许可证》正、副本；查看《人类辅助生殖技术批准证书》及其登记情况。经过批准的人类辅助生殖技术服务项目，是否办理了变更登记手续。开展胚胎移植前遗传学诊断的医疗机构是否获得了产前诊断资格（《母婴保健技术服务执业许可证》）。开展供精人工授精技术的机构要与人类精子库签订供精协议，查看协议原件或复印件。

（2）查看现场：直接查看医疗机构（计划生育技术服务机构）执业许可相关诊疗科目设置情况，如有无妇产科，医学检验科、医学影像科等诊疗科目。询问或巡视有无体外受精试验室，以及胚胎冷冻、保存、复苏的技术条件。

（3）查阅资料：查阅机构或科室总结；查看医疗机构内设网站和宣传资料等，以及医疗机构的接诊记录、门诊、住院病历、检查治疗单、用药记录等，核实是否开展了人类辅助生殖技术，是否具备相应基本条件。

（二）人员执业资质

1. 监督检查内容　设置和开展体外受精 - 胚胎移植及衍生技术，必须有足够符合条件的医师、护士、实验室技术人员。

（1）人员配备。在编专职技术人员不得少于 12 人的要求（最少 6 个医师，3 个实验室技术人员，3 个护士）；医师的专业背景、执业范围、技术职称、知识

和能力符合要求；实验室技术人员具有相应的技术职称，经过WHO或专业机构的知识技能培训。

（2）各类人员执业范围符合要求。医师应取得医师执业证书；护士取得护士执业证书；其他人员具有卫生技术职称等证书。

（3）专业技术培训证明。护士经过注册，经过生殖医学知识专业培训。其中，实验室技术人员要掌握精液处理分析技能，掌握精子、胚胎冷冻及复苏技术。开展单精子卵细胞质内显微注射的人员要掌握显微操作及体外受精与胚胎移植实验室技能。开展植入前胚胎遗传学诊断的要受过极体或胚胎卵裂球活检技能培训，掌握医学遗传学理论知识和单细胞遗传学诊断技术，所在机构必须具备遗传咨询和产前诊断技术条件。

2. 监督检查方法

（1）查验证件：体外受精-胚胎移植及衍生技术的机构负责人、医师、检验人员、护士是否具备相应的任职资格，数量是否符合要求。《医师执业证书》《护士执业证书》的有效期及执业地点等；医师、护士应具有生殖医学知识和技能培训或经过指定单位培训。实验室技术人员：应具有医学或生物学专业以上学位或大专毕业并具备中级技术职称。经过精液处理、精子、胚胎冷冻及复苏培训。开展单精子卵细胞质内显微注射的实验室人员应接受专门的显微注射和体外受精-胚胎移植技能培训。

（2）查看现场：现场检查医院的宣传资料、展板，直接调取人类辅助生殖技术服务机构从业人员名单，核对数量是否满足；通过就诊记录、门诊（住院）病历、处方、检查、检验报告单及签名，核对其执业活动是否符合要求。

（3）查阅资料：查看人类辅助生殖技术人员基本档案和资质档案，外出或内部培训记录，人员数量及配置是否符合要求。

（三）场所的检查

1. 监督检查内容设置和开展体外受精-胚胎移植及衍生技术，必须要有足够的面积和业务分区，布局合理，符合洁净要求，远离污染区域。环境卫生符合具体业务的标准和要求。业务科室根据批准其开展的项目范围设置相应的业务用房，配备消毒设备，并符合相应卫生学标准。

2. 监督检查方法　现场查看开展体外受精-胚胎移植及衍生技术机构的场所、面积是否符合要求；场所布局是否合理，是否符合建筑消防安全要求；是否符合洁净要求并远离污染源和放射源。主要场所超声室、取精室、精液处理室、取卵室、体外受精室、胚胎移植实验室、胚胎移植室等的面积符合最低要求；达到环境卫生学标准。现场查看批准运行或试运行的人类辅助生殖技术项目，应配备相应的业务用房情况。询问和现场查看该场所是否远离化学源和放射源。根据不同业务用房查看医疗场所环境卫生监测结果。一些重点业务单元应具备的要求：超声室符合Ⅲ类环境卫生标准；取卵室、胚胎移植室应符合Ⅱ类环境卫生标准。体外受精实验室应符合Ⅰ类环境卫生标准，其中胚胎操作区必须达到百级标准。必要时，查看胚胎操作区的百级标准相关超净工作台。

（四）设备的检查

1. 检查内容　设置和开展体外受精 - 胚胎移植及衍生技术，必须配置能满足业务需求，并符合国家有关规定的仪器设备。开展体外受精 - 胚胎移植及衍生技术需要的医用设备和设施，必须经过国家食品药品监督管理局批准；属计量设备的，应该有计量合格标识。检查需注意的是，有些仪器设备是妇产科等其他诊疗科目或诊疗技术共用的，只有使用了这些仪器设备开展法定的体外受精 - 胚胎移植及衍生技术，才能认定从事了人类辅助生殖技术。其中，在妇产科发现倒置显微镜、冷冻仪、液氮储存罐和液氮运输罐等专用设备，可重点检查该单位是否开展了人类辅助生殖技术活动。

2. 监督检查方法　查看设备名称、生产厂家等是否经国家食品药品监督管理局批准等，计量设备是否经过检测，并取得计量合格证。查看仪器设备的使用记录、出具的报告单等，核查开展人类辅助生殖技术情况。B 超等设备内可能存有电子记录、电子图像等，可验证开展体外受精 - 胚胎移植及衍生技术情况。

（五）其他检查

1. 检查内容　临床常规检验（包括常规生化、血尿常规、影像学检查、生殖免疫学检查）；生殖内分泌实验室及其相关设备；细胞和分子遗传学诊断实验室及其相关设备；若开展植入前胚胎遗传学诊断的机构，必须同时具备产前诊断技术的认可资格；开腹手术条件；住院治疗条件；用品消毒和污物处理条件。

2. 监督检查方法　是否具备临床常规检验条件，具有生殖内分泌实验室和设备；具有开腹手术和住院条件；产品消毒和污物处理条件。查看《医疗机构执业许可证》相关诊疗科目情况，有无住院床位，有无手术室。查看《母婴保健技术服务执业许可证》有关产前诊断许可的情况。从事产前诊断的人员是否具备《母婴保健技术考核合格证》并许可产前诊断项目。

二、人工授精技术的监督

人工授精技术根据精子来源分为夫精人工授精和供精人工授精技术。开展监督检查的重点内容包括机构设置条件、人员要求、场所要求、设备条件等。

（一）机构执业资质

1. 监督检查内容　设置和开展人工授精的医疗机构（或计划生育技术服

务机构），根据医疗机构的举办主体，医疗机构类别等经综合评估，获省级卫生（计生）行政部门批准证书，才具备开展人工授精业务的条件。

（1）是否取得《医疗机构执业许可证》。

（2）是否取得《人类辅助生殖技术批准证书》。

（3）是否经过该机构原执业许可登记机关办理项目变更登记。

（4）属计划生育技术服务机构的是否取得《计划生育技术服务许可证》。

（5）医疗机构是否将使用情况、随访信息以及子代信息报告人类精子库。

（6）开展供精人工授精业务的机构，是否与持有《人类精子库批准证书》的医疗机构签订供精协议，明确双方职责和义务。

（7）开展供精人工授精业务时，医疗机构与人类精子库签订协议，是否每份样本提供检验合格证明。

2. 监督检查方法

（1）查验证件：查看《医疗机构执业许可证》正、副本，核查有效期，登记的诊疗科目等信息；查看《人类辅助生殖技术批准证书》及其登记情况；检查执业地点、负责人、有效期等与《医疗机构执业许可证》等有关内容的一致性等。计划生育技术服务机构开展人类辅助生殖技术的，应取得《医疗机构执业许可证》，同时查看《计划生育技术服务执业许可证》，核对其发证机关和项目内容等。

（2）查看现场：现场查看机构的环境、宣传栏、展板、公告等，以及医疗机构的接诊记录、门诊、住院病历、检查治疗单、用药记录等，核实是否开展了人类辅助生殖技术，是否具备相应的基本条件。

（3）查阅资料：查阅机构或科室总结；查看医疗机构内设网站及宣传资料等。开展供精人工授精技术的，医疗机构要与人类精子库签订供精协议。明确双方的职责和义务，特别是信息随访和反馈问题。

（二）人员执业资质

1. 监督检查内容　设置和开展人工授精技术的医疗机构，必须有足够符合条件的专职医师、护士和实验技术人员。

（1）人员配备：在编专职技术人员不得少于5人的要求（最少2个医师，2个实验室技术人员，1个护士）。医师的专业背景、执业范围、技术职称、知识和能力符合要求；实验室技术人员具有相应技术职称，经过WHO或专业机构的知识技能培训。

（2）各类人员执业范围符合要求：医师应取得医师执业证书；护士取得护士执业证书；实验室技术人员应具有医学检验医师资格或技术职称。

（3）专业技术培训证明：护士经过注册，经过生殖医学知识专业培训。医师、实验室技术人员、护士应具有生殖医学知识培训或经过指定单位培训。

其中，实验技术人员要掌握精液处理分析的技能。同时开展体外受精 - 胚胎移植技术的机构，必须指定专职负责人一人，其他人员可兼用。

2. 监督检查方法

（1）查验证件：查看机构负责人、医师、检验人员、护士是否具备相应的任职资格。《医师执业资格证书》及执业范围、地点等；《护士执业证书》的有效期及执业地点等；医师、护士、医技人员及实验室操作人员等分别经过专项技术或操作的专业培训的时间、地点、内容等。

（2）查看现场：现场检查医院的宣传资料、展板，接诊登记、处置记录，门诊（住院）病历、实验室操作记录等，抽查部分工作人员姓名、工作内容或技术项目名称。

（3）查阅资料：查看人类辅助生殖技术人员基本档案和资质档案，外出或内部培训记录，人员数量及配置是否符合要求。

（三）场所的检查

1. 监督检查内容　医疗机构开展人类辅助生殖技术的业务用房根据批准其开展的项目范围设置相应的业务用房，配备消毒设备，并符合相应的卫生学标准。超声室符合Ⅲ类卫生标准。场所包含候诊室、诊室、检查室、B超室、人工授精实验室、受精室和其他辅助区域，总使用面积不得少于100m^2，其中人工授精实验室不少于20m^2，受精室的专用面积不少于15m^2；同时开展人工授精和体外受精与胚胎移植的机构，候诊室、诊室、检查室和B超室可不必单设，但人工授精室和人工授精实验室必须专用，且使用面积各不少于20m^2；另外，技术服务机构须具备妇科内分泌测定、影像学检查、遗传学检查等相关检查条件。

2. 监督检查方法　查看其现场房屋及部局是否符合功能要求、周边环境是否存在放射源、污染源隐患；设施设备能否正常运转、药品器械是否在有效期内、技术人员是否具备资质等。管理规章制度是否齐全，信息管理系统是否正常，相关人员是否有专属身份口令卡或密钥匙。同时设有精子库的应分别设置与管理。

（四）设备的检查

1. 检查内容　妇检床2张以上；B超仪1台（配置阴道探头）；生物显微镜1台；离心机1台；百级超净工作台1台；二氧化碳培养箱1台；液氮罐2个以上；冰箱1台；精液分析设备；水浴箱1台；与精液接触的器皿等须使用无毒的一次性耗材。以上设备要求运行良好，专业检验合格。

2. 监督检查方法　查看设备名称、生产厂家等是否经国家食品药品监督管理局批准等，计量设备是否经过检测，并取得计量合格证。查看仪器设备的使用记录、出具的报告单等，核查开展人类辅助生殖技术情况。

第三节　违法行为的处理

人类辅助生殖技术违法行为的查处是卫生监督工作的重点，要掌握其违法行为的特点，查处的职责与分工，熟悉涉及有关医疗机构和医务人员不同的处理要求。

一、非医疗机构未经批准擅自开展人类辅助生殖技术的

1. 调查取证

（1）做好现场检查笔录，重点描述擅自开展相关治疗的时间、地点、方法和使用的设备器械药品等，对于违法行为和场所进行的摄影摄像，有条件的使用执法记录仪记录检查调查执法过程。

（2）调查开展相关技术服务的数量和违法所得；对于管理人员、从业人员及患者做好询问笔录，证明违法行为的过程和事实；收集与违法行为有关的检查单、治疗记录、手术记录、病历资料、知情同意书、收费单据等书证；对于涉案药品、器械先行证据保存。

（3）通过全国卫生计生监督信息平台，核查是否有从业人员因非法行医被行政处罚历史。

2. 法律适用　非医疗机构未经批准擅自开展人类辅助生殖技术的，《人类辅助生殖技术管理办法》第二十一条规定，违反人类辅助生殖技术管理办法规定，未经批准擅自开展人类辅助生殖技术的非医疗机构，按照《医疗机构管理条例》第四十四条规定处罚。《医疗机构管理条例》第四十四条：未取得《医疗机构执业许可证》擅自执业的，由县级以上人民政府卫生行政部门责令其停止执业活动，没收非法所得和药品、器械，并可以根据情节处以1万元以下的罚款。

计划生育技术服务机构未经批准擅自开展人类辅助生殖技术的，《计划生育技术服务管理条例》第三十五条计划生育技术服务机构违反本条例的规定，未经批准擅自使用辅助生育技术治疗不育症的，由县级以上地方人民政府卫生行政部门会同计划生育行政部门依据职权，责令改正，给予警告，没收违法所得和有关药品、医疗器械；违法所得5000元以上的，并处违法所得2倍以上5倍以下的罚款；没有违法所得或者违法所得不足5000元的，并处5000元以上2万元以下的罚款；情节严重的，并由原发证部门吊销计划生育技术服务的执业资格。

二、医疗机构未经批准擅自开展人类辅助生殖技术的

1. 调查取证

（1）做好现场检查笔录，重点描述擅自开展相关治疗的时间、地点、方法

和使用的设备器械药品等，调查开展相关技术服务的数量和违法所得；对于违法行为和场所进行摄影摄像，必要时使用执法记录仪。

（2）对于管理人员、从业人员及患者做好询问笔录，证明违法行为的过程和事实；收集与违法行为有关的挂号、就诊记录，检查单、治疗单、手术记录、门诊（住院）病历资料、知情同意书、收费单据等书证。

注：超出许可项目从事其他人类辅助生殖技术项目的视同未取得许可，需论证。

2. 法律适用　医疗机构未经批准擅自开展人类辅助生殖技术的，《人类辅助生殖技术管理办法》第二十一条规定，违反人类辅助生殖技术管理办法规定，未经批准擅自开展人类辅助生殖技术的医疗机构，按照《医疗机构管理条例》第四十七条和《医疗机构管理条例实施细则》第八十条的规定处罚。《医疗机构管理条例》第四十七条：医疗诊疗活动超出登记范围的，由县级以上人民政府卫生计生行政部门予以警告、责令其改正，并可以根据情节处以3000元以下的罚款；情节严重的，吊销其《医疗机构执业许可证》。第八十条除急诊和急救外，医疗机构诊疗活动超出登记的诊疗科目范围，情节轻微的，处以警告；有下列情形之一的，责令其限期改正，并可处以3000元以下罚款；（一）超出登记的诊疗科目范围的诊疗活动累计收入在3000元以下；（二）给患者造成伤害。有下列情形之一的，处以3000元罚款，并吊销《医疗机构执业许可证》：（一）超出登记的诊疗科目范围的诊疗活动累计收入在3000元以上；（二）给患者造成伤害；（三）省、自治区、直辖市卫生行政部门规定的其他情形。均由县级以上人民政府卫生计生行政部门实施。

三、买卖配子、合子、胚胎的

1. 调查取证

（1）做好现场笔录，重点描述相关治疗使用配子、合子、胚胎的时间、地点、操作人员、治疗方法，使用的设备器械药品等，对于违法行为和场所进行的摄影摄像，有条件的使用执法记录仪。

（2）调查开展相关技术服务的数量和违法所得；对于买卖双方当事人、从业人员及患者做好询问笔录，证明违法行为的过程和事实，收集与违法行为有关的检查单、治疗记录、手术记录、病历资料、知情同意书、收费金额及交易记录、治疗效果随访记录、反馈记录等书证；有监控录像的可调取监控录像。

2. 法律适用　买卖配子、合子、胚胎的，《人类辅助生殖技术管理办法》第二十二条规定，开展人类辅助生殖技术的医疗机构，发生买卖配子、合子、胚胎行为的，由省、自治区、直辖市人民政府卫生计生行政部门给予警告、3 万元以下罚款，并给予有关责任人行政处分；构成犯罪的，依法追究刑事责任。

四、实施代孕技术的

1. 调查取证

（1）做好现场检查笔录，重点描述擅自开展相关治疗项目的时间、地点、从业人员、方法和使用的设备器械药品等。

（2）调查开展相关技术服务的数量和违法所得；对于治疗夫妇双方、代孕孕母、中介机构、医疗机构人类辅助生殖技术从业人员及患者做好询问笔录，证明违法行为的过程和事实；收集与违法行为有关的“三证”（结婚证、双方身份证、生育类证明）、检查单、治疗记录、手术记录、病历资料、知情同意书、收费单据等书证；对于其他行政机关移交的证据进行转换。对于违法行为和场所进行的摄影摄像，有条件的使用执法记录仪。

2. 法律适用　实施代孕技术的，《人类辅助生殖技术管理办法》第二十二条规定，开展人类辅助生殖技术的医疗机构，实施代孕技术行为的，由省、自治区、直辖市人民政府卫生计生行政部门给予警告、3 万元以下罚款，并给予有关责任人行政处分；构成犯罪的，依法追究刑事责任。

根据《国家卫生计生委关于取消第三类医疗技术临床应用准入审批有关工作的通知》（国卫医发〔2015〕71 号）代孕技术属于医疗机构禁止应用的存在重大伦理问题的医疗技术。医疗机构未按本通知要求进行备案或开展禁止临床应用医疗技术的，由卫生计生行政部门按照《医疗机构管理条例》第四十七条和《医疗技术临床应用管理办法》第五十条的规定给予处罚。本行为的处罚处理：由省级以上人民政府卫生计生行政部门实施。

经过批准开展人类辅助生殖技术的医疗机构实施代孕技术的由省级卫生计生行政部门进行处罚，推荐应用《人类辅助生殖技术管理办法》；未经批准的医疗机构实施代孕技术由县级以上地方人民政府卫生计生行政部门选择使用，按前述擅自开展人类辅助生殖技术或禁止性应用的临床技术予以处罚。

五、使用不具有《人类精子库批准证书》机构提供的精子的

1. 调查取证

（1）做好现场检查笔录，重点描述使用供精机构精子治疗的时间、地点、操作人员、方法和使用的设备器械药品等。

（2）对于机构管理者、治疗夫妇双方、从业人员做好询问笔录，证明违法行为的过程和事实；收集与违法行为有关的《人类精子库批准证书》、供精记

录、精子标准使用记录，相关的检查单、治疗记录、手术记录、病历资料、知情同意书、收费单据、治疗效果随访记录、反馈记录等书证。对于违法行为和场所进行的摄影摄像。有条件的使用执法记录仪。

2. 法律适用　使用不具有《人类精子库批准证书》机构提供的精子的，《人类辅助生殖技术管理办法》第二十二条规定，开展人类辅助生殖技术的医疗机构，使用不具有《人类精子库批准证书》机构提供的精子的，由省、自治区、直辖市人民政府卫生计生行政部门给予警告、3 万元以下罚款，并给予有关责任人行政处分；构成犯罪的，依法追究刑事责任。

六、擅自进行性别选择的

1. 调查取证

（1）做好现场检查笔录，重点描述需要使用人类辅助生殖技术选择性别治疗项目的时间、地点、从业人员、方法和使用的设备器械药品等。

（2）对于夫妇双方、从业人员做好询问笔录，证明违法行为的过程和事实；收集医疗机构近年经治疗分娩新生儿性别比统计资料，根据举报线索涉及的检查单、治疗记录、手术记录、病历资料、知情同意书、收费单据、治疗效果随访记录、反馈记录等书证。对于违法行为和场所进行的摄影摄像。有条件的使用执法记录仪。

2. 法律适用　擅自进行性别选择的，《人类辅助生殖技术管理办法》第二十二条规定，开展人类辅助生殖技术的医疗机构，除医学需要的选择性别需要外，擅自进行性别选择的，由省、自治区、直辖市人民政府卫生计生行政部门给予警告、3 万元以下罚款，并给予有关责任人行政处分；构成犯罪的，依法追究刑事责任。

七、实施人类辅助生殖技术档案不健全的

1. 调查取证

（1）做好现场检查笔录，重点描述人类辅助生殖技术档案存放的位置，抽查病历开展相应治疗的时间、地点、操作人员、方法和使用的设备器械药品等，对于违法行为和场所进行的摄影摄像。有条件的使用执法记录仪。

（2）询问医疗机构负责人、技术项目负责人、档案管理人员档案产生过程中缺失的内容及原因，记录缺失的具体内容等；制作笔录。收集档案不完善的项目内容及相关病历文书的原始资料等。使用电子病历信息系统档案不齐全的内容，相关制度措施和预案。

2. 法律适用

实施人类辅助生殖技术档案不健全的，《人类辅助生殖技术管理办法》

第二十二条规定，开展人类辅助生殖技术的医疗机构，人类辅助生殖技术档案不健全的，由省、自治区、直辖市人民政府卫生计生行政部门给予警告、3万元以下罚款，并给予有关责任人行政处分；构成犯罪的，依法追究刑事责任。

八、经指定技术评估机构检查技术质量不合格的

1. 调查取证

（1）做好现场检查笔录，重点描述获得人类辅助生殖技术质量检查结果，检查评估的时间、地点、内容等制作笔录。

（2）询问机构负责人结果认可情况，评估报告签发人有关报告的真实性及细节；收集医疗机构不合格报告、整改报告等。对于违法行为和场所进行的摄影摄像。有条件的使用执法记录仪。

2. 法律适用　《人类辅助生殖技术管理办法》第二十二条规定，开展人类辅助生殖技术的医疗机构，经指定技术评估机构检查技术质量不合格的，由省、自治区、直辖市人民政府卫生计生行政部门给予警告、3万元以下罚款，并给予有关责任人行政处分；构成犯罪的，依法追究刑事责任。

九、其他违反本办法规定的行为

1. 调查取证

（1）做好现场检查笔录，重点描述医疗机构在执业活动中的地址、治疗室、实验室、胚胎储存室等关键房屋及变动时间、地点、原因等；描述有关规章制度与管理安全隐患的内容、事项、地点等，违反医学伦理学原则的时间、地点内容、结果等。

（2）询问相关内容负责人、经手人、治疗操作人及相关患者等。收集有关规章制度、交接记录、病历资料、有关图纸等。对于违法行为和场所进行的摄影摄像。有条件的使用执法记录仪。

2. 法律适用　其他违反本办法规定的行为，由省、自治区、直辖市人民政府卫生计生行政部门给予警告、3万元以下罚款，并给予有关责任人行政处分；构成犯罪的，依法追究刑事责任。

十、人类辅助生殖技术相关违法行为的处理

人类辅助生殖技术相关医疗机构、医务人员（医师、护士、卫生技术人员、药师等）的违法违规行为，可分别参照《医师法》《医疗机构管理条例》《护士条例》等法律法规进行处罚。

十一、代孕技术及违法行为探析

我国有关法律对“人类辅助生殖技术”的实施做了严格的规定，该技术只能在卫生行政部门批准的医疗机构中实施，只能以医疗为目的，并符合国家计划生育政策、伦理原则和有关法律规定。我国明令禁止以任何形式实施代孕技术，以及买卖精子、卵母细胞、合子及胚胎的行为。与此同时，国外一些国家和地区法律法规允许开展代孕技术。在巨大的市场需求和国内外法规差异的双重作用下，代孕技术已成为国内人类辅助生殖技术领域最严重的违法行为。

1. 概念及含义

（1）代孕技术：取出女性卵母细胞，与男子精子，在体外受精然后将胚胎移植到“代孕母亲”子宫内直至胎儿成熟分娩的过程。

（2）代理孕母：代为他人生育的女性通常称为代理孕母（也被称为“代孕妈妈”，“代孕母亲”，“代母”）。

（3）委托父母：雇佣他人生育子女的人被称为委托方（也称为委托人或委托父母）。

2. 代孕技术的分类

（1）精子、卵母细胞来自夫妻双方借用代理孕母的子宫。

（2）精子来自丈夫，卵母细胞由第三方捐卵志愿者提供，用试管婴儿的方式，由代理孕母怀孕生育。

（3）精子、卵母细胞均由第三方志愿者提供，用体外受精的方式（人工授精或者是试管婴儿），由该代理孕母怀孕生育。

（4）精子由第三方志愿者提供，卵母细胞由妻子提供，用试管婴儿的方式，由代理孕母怀孕生育。

3. 代孕的原因　代孕技术解决了不孕不育带来的困扰，特别是在保障不育女性和健康丈夫的生育权方面有着积极意义。同时也对传统生育理念、生育方式带来严峻挑战，从伦理学、社会学、法律权益保障等方面也带来了巨大冲击。从世界范围看，一些国家允许代孕技术的开展，是法律法规所允许的行为。

4. 代孕案件查办中的建议

（1）代孕案件的特点

1）非法宣传多。通过互联网搜索引擎查询随便输入“代孕服务”可以查询到43万个网页结果。

2）隐蔽性强。因为我国禁止任何形式的代孕技术，任何医疗机构、医师都不能公开参与该服务；参与代孕的机构、医务人员、代理孕母、委托方都不愿公开相关信息。因此，部分或全部的人类辅助生殖技术项目参与人、参与方式隐蔽性强。

3）供需市场需求。因客观生理原因不能生育的夫妇双方需要寻找代理孕母；因维持自己形体需要，或害怕生育痛苦而寻找代理孕母，客观上形成市场需求。而代理孕母多数是因经济原因提供代孕服务。

4）代孕行为周期长。代孕行为从供需及中间环节开始至完成代孕生育，比自然怀孕分娩过程甚至还要长。

5）地域跨度大。因国内外对代孕的法律规定不同，特别美国、泰国等一部分国家，代孕技术是法律允许的。一些中介机构充分利用了这一法律缝隙，将代孕行为过程进行分解，一些基础环节在国内完成，开展取卵、体外受精、胚胎移植等行为转移至国外进行。

（2）案件线索的查办建议

1）针对代孕技术的参与人：包括直接参与人和间接参与人。直接参与人包括：中介机构、医疗机构、医务人员、代理孕母、委托方（需求方面）。间接参与人：代孕技术服务信息的提供方（互联网信息）；代孕信息联系电话申办方（通信部门，包括400类电话，移动手机等）；银行转账协议；仪器设备药品的供应方（食品和药品管理部门）。

2）针对代孕技术具体项目：取得医疗机构执业许可证的医疗机构。查看是否取得《人类辅助生殖技术批准证书》；是否经过诊疗科目登记或办理了变更手续；是否具备一级妇产科诊疗科目，批准的二级诊疗科目有哪些。从就诊记录、病历、处方、用药等方面追查相关线索。在案件办理中，倒置显微镜、二氧化碳培养箱，三气（胚胎）培养箱，超净工作台等，液氮储存罐等属于妇产科涉嫌开展人类辅助生殖技术关联度较高仪器设备。有的仪器设备如B型超声内储存有电子影像记录。医疗机构的电子信息系统中可能涉及相关记录。未取得医疗机构执业许可的单位、未取证的单位和个人涉及前述行为的，最低可按非法行医查处。

3）特别注意的事项：无论是医疗机构还是非医疗机构可能涉嫌开展人类辅助生殖技术的行为，都应注意该建筑单元内是否有其他法人单位。如医疗器械公司、医疗咨询公司等。属多部门同处一个建筑单元的，应同时查询相关单位背后的股东或负责人关系。注意区分发生的行为、发生的空间，发生的主体等要描述清楚、详细。属医疗机构的，注意医护人员的流动性，及相关行为的追查、追访。充分利用国家执业医师、执业护士执业注册查询系统。要求相关人员予以配合。拒不配合的，请辖区卫生行政部门予以协助。同时，对于医师、护士违规参与人类辅助生殖技术的，可分别按《医师法》《护士条例》等法律法规予以处理。针对此类案件隐蔽性强的特点，在进入现场执法检查前，应提前暗访，制定方案，明确分工，与公安、食药监部门共同行动。针对国内外多环节开展人类辅助生殖技术的行为，可通过国家出入境部门查询出入境记录。

注意区分不孕不育检查治疗和人类辅助生殖技术。人类辅助生殖技术仅仅是治疗不孕不育方面的一项特殊技术，需要经过特别许可，才能开展。从事妇科、男科检查、治疗用药、促排卵用药、卵泡监测和取卵等行为，不宜简单认定为开展了人类辅助生殖技术；只有获得了配子买卖、胚胎买卖，和植入的行为证据，才有可能认定为违法开展人类辅助生殖技术。

第六章 人类精子库的监督与管理

第一节 概 述

一、基本概念与含义

1. 人类精子库 人类精子库是指以治疗不育症以及预防遗传病等为目的，利用超低温冷冻技术，采集、检测、保存和提供精子的机构。人类精子库必须设置在医疗机构内。

2. 人类精子库业务流程示意(图6-1)。

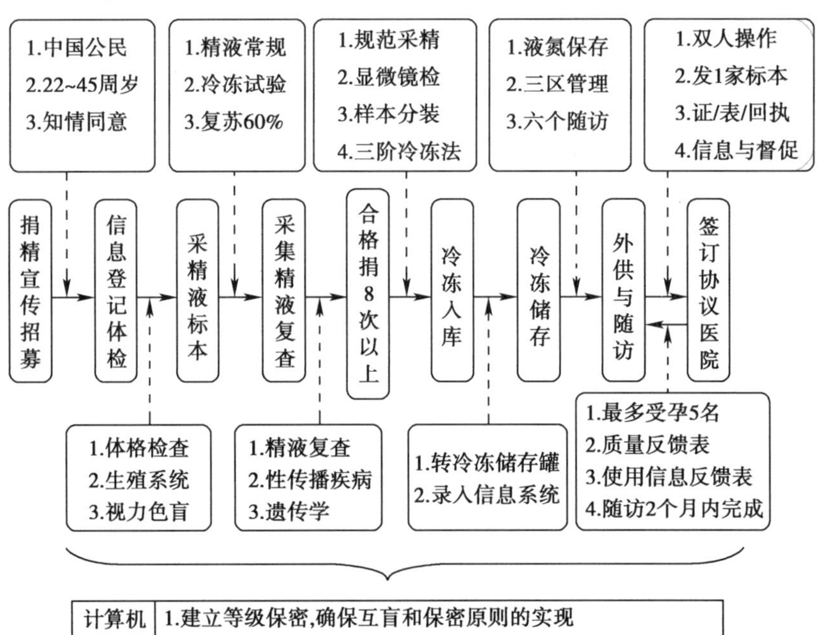

图6-1 人类精子库业务流程示意图

3. 人类精子库管理的目的　设置人类精子库是指以治疗不育症以及预防遗传病等为目的，保证人类辅助生殖技术安全，有效应用和健康发展，保障人民健康。精子的采集和提供应遵守当事人自愿和符合社会伦理原则，任何单位和个人不得以营利为目的进行精子的采集与提供活动。

4. 人类精子库的 7 个伦理原则　为了促进人类精于库安全、有效、合理地采集，保存和提供精子，保障供精者和受者个人、家庭、后代的健康和权益，维护社会公益，人类精于库也必须遵守以下伦理原则：①有利于供受者的原则；②知情同意的原则；③保护后代的原则；④社会公益原则；⑤保密原则；⑥严防商业化的原则；⑦伦理监督的原则。

二、人类精子库的审批

1. 申请的对象、条件　设置人类精子库应当经省、自治区、直辖市人民政府卫生计生行政部门批准，人类精子库必须设置在持有《医疗机构执业许可证》的综合性医院、专科医院或持有《计划生育技术服务执业许可证》的省级以上（含省级）计划生育服务机构内。

同时还应符合《人类精子库管理办法》的规定条件：

（1）具有医疗机构执业许可证。

（2）设有医学伦理委员会。

（3）具有与采集、检测、保存和提供精子相适应的卫生专业技术人员。

（4）具有与采集、检测、保存和提供精子相适应的技术和仪器设备。

（5）具有对供精者进行筛查的技术能力。

（6）应当符合原卫生部制定的《人类精子库基本标准》。

如果机构同时设有精子库和开展人类辅助生殖技术，必须严格分开管理。

2. 审批的权限、时限　申请设置人类精子库的医疗机构（以下简称申请机构），向所在省（自治区、直辖市）卫生计生行政部门提出申请。各省（自治区、直辖市）卫生计生行政部门受理机构申请后，按照相关规定确定评审时间，通过国家辅助生殖技术管理信息系统随机抽取评审专家，组建评审专家组进行实地评审。省（自治区、直辖市）卫生计生行政部门根据专家组评审意见进行审核，在规定时限内作出批准或不予批准的决定，并书面告知申请机构，同时报国家卫生计生委备案。

3. 审批后项目登记　批准设置人类精子库的医疗机构应当按照《医疗机构管理条例》的有关规定，持省、自治区、直辖市卫生计生行政部门（或卫生行政部门）的批准证书，到核发其医疗机构执业许可证的卫生计生行政部门办理变更登记手续。

4. 校验　人类精子库批准证书每 2 年校验一次，校验由原审批机关办理。校验合格的，可以继续开展人类精子库工作；校验不合格的，收回其批准证书。

5. 监督管理职责　国家卫生和计划生育委员会（原卫生部）主管全国人类精子库的监督管理工作。县级以上地方人民政府卫生计生行政部门负责本行政区域内人类精子库的日常监督管理。

第二节　监督检查的内容

人类精子库必须设置在医疗机构或计划生育技术服务机构内。根据举办主体，医疗机构类别、精子来源和业务部门等经综合评估，获省级卫生计生行政部门批准证书，才能设置人类精子库。设置人类精子库应具备基本条件、人员资质、场所设备，开展采精、储存、供精等业务应符合相关技术规范和要求。

一、机构执业资质

（一）监督检查内容

1. 是否取得《医疗机构执业许可证》。
2. 属于计划生育技术服务机构的是否取得了《计划生育技术服务机构执业许可证》。
3. 是否取得《人类精子库批准证书》。
4. 是否经过该机构原执业许可登记机关办理项目变更登记。
5. 发证机关和执业许可证有效期等项目均具有合法、有效性。

（二）监督检查方法

1. 查验证件　查看《医疗机构执业许可证》正、副本，核查有效期、登记的名称、地址等一般信息；查看《人类精子库批准证书》及登记情况；检查执业地点、负责人、有效期等与《医疗机构执业许可证》有关内容的一致性。检查医疗机构人员配备情况和取得的资质情况。属于计划生育技术服务机构取得《人类精子库批准证书》的，应同时查验《计划生育技术服务执业许可证》正、副本等内容。

2. 察看现场　现场查看机构的环境、宣传栏、展板、公告，发放的宣传资料等，核实采集精子情况等。查看与开展精液采集、检验业务相关诊疗科目如妇产科、泌尿外科、医学检验科等。核查实验室人员资质和室内质评及室间质评的书面资料。

3. 查阅资料　查阅工作总结、发放的宣传资料、宣传招募供精者活动资料；查看医疗机构内设网站及宣传资料等。核查有关内容是否合法。查阅质控专家或者省级卫生计生行政部门评审专家的评审意见及整改措施；查阅历次监督检查、提出的整改意见或者行政处罚的针对性整改措施；查阅内部自查讨论意见及整改措施，查阅校验过程中提出的卫生监督意见及整改措施。

二、人员执业资质

（一）监督检查内容

人类精子库人员数量、医师、检验技术人员等人员资格符合要求；有关人员具备相应的专业知识和技能。

1. 人员配备　至少配备 5 名专职技术人员，包括 1 名具有高级专业技术职称、从事生殖医学专业的执业医师，1 名具有医学遗传学临床经验中级以上职称的技术人员，2 名实验室技师，1 名配备改为设备管理人员。医师的专业背景、执业范围、技术职称、知识和能力符合要求；实验室技术人员具有相应技术职称，经过 WHO 或专业机构的知识技能培训。管理人员具有计算机专业知识和技能。

2. 各类人员执业范围符合要求　医师应取得医师执业证书；护士取得护士执业证书；其他人员具有卫生技术职称等证书。

3. 专业技术培训证明　从事精子采集和检验等具体项目分别经过专业培训并考核合格。其中，实验技术人员要掌握精液处理分析技能、生物细胞冷冻保存技术以及传染病性病的检测及临床知识和技能。

（二）监督检查方法

1. 查验证件　查看机构负责人、医师、检验人员、护士是否具备相应的任职资格。查验《医师执业资格证书》的执业范围、地点是否与实际执业地点、范围相符等；查验《护士执业证书》的有效期及执业地点等；查验医师、护士、医技人员及实验室操作人员等是否分别经过专项技术或操作的专业培训。

2. 查看现场　现场检查医院的宣传资料、展板，接诊登记、处置记录，门诊（住院）病历、实验室操作记录等，抽查部分工作人员姓名、工作内容或技术项目名称。

3. 查阅资料　查看人类精子库技术人员基本档案、资质档案、人员数量及配置是否符合要求。

三、人类精子库场所设备

（一）监督检查内容

精子库的业务用房必须达到最基本的要求；精子库的仪器设备必须符合

国家有关的资格；属计量设备，必须经计量检测合格。

1. 人类精子库各种工作用房的规模必须符合下列要求：

（1）供精者接待室使用面积 15m² 以上。

（2）取精室 2 间（每间使用面积 5m² 以上），有洗手设备。

（3）人类精子库实验室使用面积 40m² 以上。

（4）标本存储室使用面积 15m² 以上。

（5）辅助实验室（进行性传播疾病及一般检查的实验室）使用面积 20m² 以上。

（6）档案管理室使用面积 15m² 以上。

2. 人类精子库仪器设备配制基本标准

（1）能储存 1 万份精液标本的标本储存罐。

（2）程序降温仪 1 套。

（3）34L 以上液氮罐 2 个。

（4）精子运输罐 3 个以上。

（5）37℃恒温培养箱和水浴箱各 1 台。

（6）超净台 2 台。

（7）相差显微镜 1 台。

（8）恒温操作台 1 套。

（9）离心机 1 台。

（10）电子天平 1 台。

（11）加热平台及搅拌机各 1 台。

（12）计算机 1 台及文件柜若干个。

（13）冰箱 1 台。

（14）纯水制作装置 1 套（或所在机构具备）。

（15）精液分析设备。

3. 人类精子库或其所在机构必须具备染色体核型分析的技术和相关设备。

4. 设置了精液采集、冷冻、供给和档案管理 4 个部门。

（二）监督检查方法

现场查看机构运转是否正常。查看其现场房屋部局是否符合功能要求、是否符合人类精子库的基本要求，包括设置条件、功能任务、部门设置与人员、场所配置和设备要求。至少应设置有精液采集、冷冻、供给和档案管理 4 个工作职能部门。设施设备能否正常运转、药品器械是否在有效期内。仪器设备是否符合国家食品药品监督管理局的要求；属计量设备的是否经计量检测合格，并有检测合格标识。

四、管理制度执行情况

（一）监督检查内容

1. 业务管理 人类精子库必须对精液的采供进行严格管理，并建立供精者、用精机构反馈的受精者妊娠结局及子代信息的计算机管理档案库，控制使用同一供精者的精液获得成功妊娠的数量，防止血亲通婚。具体包括：

（1）建立供精者筛选和精液采集、冻存、供精、运输的流程。

（2）按流程顺序做好记录。

（3）做好档案管理：精子库档案管理应设专用计算机，所有资料应备份，文字资料应放置整齐有序，注意防火、防盗及保密。人类精子库资料应永久保存。

（4）严格控制每一位供精者第1次供出去精液的数量，最多只能提供给5名不育妇女使用，待受者结局信息反馈后，再以递减方式（下次提供的受者人数=5名受者－其中已受孕人数）决定下一轮发放的数量，以确保每一供精者的精液标本最多只能使5名妇女受孕。

（5）精子库必须将供精者的主要信息如：姓名、年龄、身份证号和生物学特性的标志等上报精子库中央信息库，予以备案，信息库工作人员必须对各精子库提供的信息保密。

（6）各精子库必须将拟定的供精候选人身份情况上报精子库中央信息库，信息库必须在10个工作日内反馈信息，以确保供精者只在一处供精（目前，国内精子库尚没实现联网核查）。

（7）做好随访工作：每月定期收集用精机构精液标本使用情况并记录受精者的有关反馈信息，包括受者妊娠、子代的发育状况、有无出生缺陷及受者使用冷冻精液后是否出现性传播疾病的临床信息等。

2. 质量管理

（1）人类精子库必须按《供精者健康检查标准》进行严格筛查，保证所提供精子的质量。

（2）人类精子库必须具备完善、健全的规章制度，包括业务和档案管理规范、技术操作手册及人类精子采供计划书（包括采集和供应范围等）等。

（3）必须定期或不定期对人类精子库进行自查，检查人类精子库规章制度执行情况、精液质量、服务质量及档案资料管理情况等，并随时接受审批部门的检查或抽查。对于存在安全隐患的，应采取相应措施。

3. 保密原则

（1）人类精子库工作人员应尊重供精和受精当事人的隐私权并严格保密。

（2）除司法机关出具公函或相关当事人具有充分理由同意查阅外，其他任何单位和个人一律谢绝查阅供精者的档案；确因工作需要及其他特殊原因非得查阅档案时，则必须经人类精子库机构负责人批准，并隐去供精者的社会身份资料。

（3）除精子库负责人外，其他任何工作人员不得查阅有关供精者身份资料和详细地址。

（二）监督检查方法

1. 查阅档案资料。是否建立、健全人类精子库管理的各项规章制度、规范及技术操作手册，是否按要求执行。是否建立严格的精子库保密规定制度（记录）。

2. 需要精子的机构是否具有《人类辅助生殖技术批准证书》。

（1）是否留存需要精液单位的《人类辅助生殖技术批准证书》。

（2）供精记录包括供精电子信息系统，有关记录是否规范，是否一致。

3. 供精者档案是否健全。

（1）是否建立精液采集供应者的档案。

（2）是否建立精液采集供应的严格管理的计算机管理档案，包括供精者、用精机构反馈的受精者妊娠结局及子代信息。同一供精者的精液获得成功妊娠数量不得超过5个。

（3）供精者档案信息是否齐全。包括供精者筛选和精液采集、冻存、供精、运输流程和记录；电子记录还应有资料备份。供精者信息齐全；按时上报精子库中央信息库信息；随访信息齐全。

五、采集精液前健康检查和筛选

精子的采集和提供应当在经过批准的医疗机构中进行，严格遵守前卫生部制定的《人类精子库技术规范》和各项技术操作规程。所有供精志愿者在签署知情同意书后，均要进行初步筛查，初筛符合条件后，还须接受进一步的检查，达到健康检查标准后，方可供精。

（一）监督检查内容

1. 供精者应当是年龄在22～45周岁之间的健康男性，且只能在一个人类精子库中供精。

2. 人类精子库应当对供精者进行健康检查和严格筛选，不得采集有下列情况之一的人员的精液：①有遗传病家族史或者遗传性疾病者；②精神病患者；③传染病患者或者病原携带者；④长期接触放射线和有害物质者；⑤精液检查不合格者；⑥其他严重器质性疾病患者。

3. 根据供精和保存精子的目的，可分为供精者捐精和自精保存。其要求分别为：

（1）供精者（捐精）基本条件：①供精者必须原籍为中国公民；②供精者赠精是一种自愿的人道主义行为；③供精者必须达到供精者健康检查标准；④供精者对所供精液的用途，权利和义务完全知情并签订供精知情同意书。

（2）自精保存者基本条件：①接受辅助生殖技术时，有合理的医疗要求，如取精困难者和少、弱精症者；②出于“生殖保险”目的：需保存精子以备将来生育者；男性在其接受致畸剂量的射线、药品、有毒物质、绝育手术之前，以及夫妻长期两地分居，需保存精子准备将来生育等情况下要求保存精液；③申请者须了解有关精子冷冻，保存和复苏过程中可能存在的影响，并签订知情同意书。

4. 供精者筛查合格有明确的适应证和禁忌证。具体包括：供精者初筛合格；体格检查合格；实验室检查合格；供精者追踪管理仍合格。精子库工作人员及家属不得供精；受者医生及执行受精工作人员不能成为供精者。

（二）监督检查方法

1. 查看供精者管理制度核对相关内容落实情况。抽查供精者的健康检查记录，采集精液前按照规定进行健康检查，是否经过初筛、体检、实验室、供精者追踪管理 4 个环节，且都要合格。重点检查供精者检查项目是否齐全，是否存在未检查、供精者不合格或健康检查有严重缺项，仍采集精子的行为。

2. 是否签署知情同意书。

3. 有无精子库工作人员及家属供精行为；有无受者医生或执行受精工作的人员供精。

六、精子的采集冷冻储存

（一）监督检查内容

1. 精液采集符合禁欲时间、取精地点、取精方法和卫生学要求。精液显微镜检查，精子浓度和前项运动精子百分率，选择精液。精液样本在 100 级超净工作台中分装，加冷冻保护剂保存。

冷冻储存方法一般采用液氮蒸气法储存（-150℃）和双层包装密封 2 个方面。冷冻储存管理上建议分 3 区管理。第 1 区：正在收集过程中的精液样本；第 2 区完成收集过程，进入 6 个月检疫期的样本；第 3 区保存完成收集 6 个月后，供精者追访合格，可以外供的精液样本。

2. 3 个制度的落实。即精子库是否建立取精、检验、分装、冷冻和储存区域的环境质量控制制度、流程质量控制制度、生物安全和医疗废物管理制度。

3. 精子库内物品按无菌区、一次性用品区、污物区分开存放；工作区每天 2 次卫生清洁，每天 1 次空气消毒，每月 1 次空气培养。冷冻前、后精子质量每月 1 次质量评估。

4. 精子库应设有专人负责冷冻储存管理，保证精液标本应保存于冷冻罐液氮液面以下，冷冻液氮罐应设专门区域，保证无菌，远离放射源和电磁辐射源、有毒、有害物品。液氮罐在使用有效期内。

（二）监督检查方法

1. 查看工作制度及执行情况　检查精子库采集的精液是否经过检验并有记录，包括染色体、性传播疾病、ABO 血型及 Rh 血型、精液常规分析及供精质量、精液冷冻复苏率等。同时，供精者随访结果合格。除自存精液外，是否存在采集供精者的精液检验项目缺失，或不一致。

2. 检查工作区布局　分为无菌区、一次用品区和污物区；远离放射源和电磁辐射源、有毒、有害物品。液氮罐是在使用有效期内，不超过 10 年。

3. 检查精子采集冷冻存储是否符合人类精子库质量技术规范的要求。包括，供精者基本条件；自精保存者基本条件。

4. 查看有关记录　环境卫生清洁记录 2 次 / 天，空气消毒记录 1 次 / 天；每月 1 次空气培养记录、每月 1 次精子冷冻前后的质量评估。医疗废物管理登记，暂存、交接及转运记录；工作人员有乙肝疫苗预防接种记录和必要的防护设备。

七、精液发放

（一）监督检查内容

1. 精子库必须向经批准开展相应人类辅助生殖技术的医疗机构提供精子。必须与用精单位签订供精协议，协议至少包括每位供精者精液标本最多只能使 5 名妇女受孕；用精单位应承诺对每一位受精者随访。

2. 供精部门从计算机管理系统筛查供精者（采精后经 6 个月随访合格的精液）编号、血型、已妊娠例数等，经精子库负责人批准后从第 3 区提取精液标本。

3. 精子标本提取至少 2 人协同操作、核对，并办理出库登记后，方可送交使用单位，并提供供精者基本信息和检验报告等。有收取精液单位提供的《冷冻精液质量反馈表》《精液使用情况反馈信息表》，收取精液使用单位接收回执。

4. 精液供给部门工作人员应每月定期收集临床使用单位精液使用情况的反馈记录。将反馈记录录入精子库计算机管理系统进行管理，文字材料及时移交档案管理人员，实行永久保存。不能反馈的，2 个月内暂停供精并督促回访，3 个月不提供反馈结果的，向上级部门反映。是否提供新鲜精液、是否提供未经检疫的精液或未经 6 个月随访复检并合格的精液。

5. 不得提供 2 人或 2 人以上的混合精液。

（二）监督检查方法

1. 查看供精协议书和供精记录（包括电子信息系统），核对接受精子机构的《人类辅助生殖技术批准证书》及其有效期等，必要时向其登记机关核实。

2. 查看供精记录和签字，是否有2人以上专人负责、协助操作。是否提供新鲜精液、是否提供未经检疫的精液或未经6个月随访复检并合格的精液。

3. 是否将有关供精信息、使用信息、随访结果及时录入计算管理系统。超过2个月无使用信息反馈的是否督促反馈。

4. 是否有暂缓供精名称或标识，超过3个月的是否有报告登记。使用单位的反馈信息等文字材料应移交档案室永久保存。

5. 有无违反禁止性规定；有无违反医学伦理学的要求。有无参与科研或代孕等行为。

八、精子库业务信息管理

（一）监督检查内容

1. 供精者的所有详细信息，包括保密信息，临床使用后的治疗、结局及出生信息，相关资料信息等保存70年，专人开发管理、专机使用，不得联网和擅自拷贝。不合格的精液不能进入精液外供体系。保证每一供精者最多只能使5名妇女受孕。

2. 建立电子计算机管理信息系统，并经授权；信息包括了供精者的所有详细信息、临床使用后治疗信息、结局和出生信息。

3. 电脑不得联网，除专用软件拷贝外，不得使用其他方式复制。

（二）监督方法

1. 重点检查机构设置的档案管理部门，是否建立了计算机管理档案。电子信息和文档资料内容是否包括了供精者筛选和精液采集、冻存、供精、运输流程和记录；供精者信息是否齐全；是否按时上报精子库中央信息库信息；随访信息是否齐全，是否有供精者、用精机构反馈的受精者妊娠结局及子代信息，同一供精者的精液获得成功妊娠数量是否超过5个。

2. 抽查电脑主机是否联（结）接外网。是否有防电脑病毒、防止数据被篡改、丢失、破坏的制度。

第三节 违法行为的处理

一、未取得医疗机构执业许可证擅自设置精子库，采集、提供精子活动的

1. 调查取证

（1）做好现场笔录，重点描述设置的人类精子库场所布局，以及采集、提

供精子的时间、地点、操作人员和使用的设备器械药品等。对于违法行为和场所进行摄影摄像，有条件的使用执法记录仪记录检查调查执法过程。

（2）调查擅自设置人类精子库，采集、提供精子的主体；开展相关技术服务的数量和违法所得；对于管理者、操作人员及患者做好询问笔录，证明违法行为的过程和事实；收集与违法行为有关的采精记录、供精记录，健康检查单、检验报告单，储存及监控记录、加液氮记录、收费单据等书证。

（3）通过全国卫生计生监督信息平台，核查是否有从业人员因非法行医被行政处罚历史。

2. 法律适用　非医疗机构未经批准擅自设置人类精子库，采集、提供精子的，根据《人类精子库管理办法》第二十三条规定，按照《医疗机构管理条例》第四十四条规定，由县级以上人民政府卫生计生行政部门责令其停止执业活动，没收非法所得和药品、器械，并可以根据情节处以1万元以下的罚款。

医疗机构未经批准擅自设置人类精子库，采集、提供精子的，按照《医疗机构管理条例》第四十七条和《医疗机构管理条例实施细则》第八十条的规定，由县级以上人民政府卫生计生行政部门责令其停止执业活动，有下列情形之一的，责令其限期改正，并可处以3000元以下罚款：①超出登记的诊疗科目范围的诊疗活动累计收入在3000元以下；②给患者造成伤害。

有下列情形之一的，处以3000元罚款，并吊销《医疗机构执业许可证》：①超出登记的诊疗科目范围的诊疗活动累计收入在3000元以上；②给患者造成伤害；③省、自治区、直辖市卫生行政部门规定的其他情形。

二、医疗机构未经批准擅自设置人类精子库，采集、提供精子活动的

1. 调查取证

（1）做好现场笔录，重点描述擅自设置人类精子库、采集、提供精子的时间、地点、从业人员和使用的设备器械药品、采集、提供精子的数量等。对于违法行为和场所进行摄影摄像，有条件的使用执法记录仪记录检查调查执法过程。

（2）对于管理者、从业人员及患者做好询问笔录，证明违法行为的过程和事实；收集与违法行为有关的体检、检验、储存、供应记录、收费单据等书证。

2. 法律适用　依据《人类精子库管理办法》第二十三条：违反本办法规定，未经批准擅自设置人类精子库，采集、提供精子的医疗机构，按照《医疗机构管理条例》第四十七条和《医疗机构管理条例实施细则》第八十条的规定处罚。《医疗机构管理条例》第四十七条：医疗诊疗活动超出登记范围的，由县级以上人民政府卫生计生行政部门予以警告、责令其改正，并可以根据情节处以3000元以下的罚款；情节严重的，吊销其《医疗机构执业许可证》。第

八十条 除急诊和急救外，医疗机构诊疗活动超出登记的诊疗科目范围，情节轻微的，处以警告；有下列情形之一的，责令其限期改正，并可处以3000元以下罚款：①超出登记的诊疗科目范围的诊疗活动累计收入在3000元以下；②给患者造成伤害。

有下列情形之一的，处以3000元罚款，并吊销《医疗机构执业许可证》：①超出登记的诊疗科目范围的诊疗活动累计收入在3000元以上；②给患者造成伤害；③省、自治区、直辖市卫生行政部门规定的其他情形。均由县级以上人民政府卫生计生行政部门实施。

三、采集精液前未按规定对供精者进行健康检查的

1. 调查取证

（1）做好现场笔录。重点描述供精者姓名、年龄、身份证明信息，有关业务操作的时间，供精者病史筛查项目、体检检查项目、知情同意书等未进行健康检查的内容。对于违法行为和场所进行摄影摄像，有条件的使用执法记录仪记录检查调查执法过程。

（2）调查询问管理人员、相关医务人员、供精者，制作询问笔录；收集相关管理制度；体检、检验的操作记录，储存记录，以及知情同意书等证据（包括电子信息系统证据）。

2. 法律适用 依据《人类精子库管理办法》第二十四条第（一）项的规定，采集精液前，未按规定对供精者进行健康检查的，由省、自治区、直辖市人民政府卫生计生行政部门给予警告、1万元以下罚款，并给予有关责任人员行政处分；构成犯罪的，依法追究刑事责任。

四、向医疗机构提供未经检验的精子的

1. 调查取证

（1）做好现场笔录。重点描述供精者姓名、年龄、身份证明、时间，以及供精者未经检验（或不合格）的项目名称。对于违法行为和场所进行摄影摄像，有条件的使用执法记录仪记录检查调查执法过程。

（2）调查询问管理人员、相关技术人员、供精者，制作询问笔录；收集相关管理制度；相应检验、冷冻复苏试验、随访结果的原始操作记录、外供精子的原始记录（包括电子信息系统证据）。

2. 法律适用 依据《人类精子库管理办法》第二十四条第（二）项的规定，向医疗机构提供未经检验的精子的，由省、自治区、直辖市人民政府卫生计生行政部门给予警告、1万元以下罚款，并给予有关责任人员行政处分；构成犯罪的，依法追究刑事责任。

五、向不具有《人类辅助生殖技术批准证书》的机构提供精子的

1. 调查取证

（1）做好现场笔录。重点描述精子接受单位的名称、地址、供精时间、供应的精液标本的数量及采集日期等信息，接受精子机构无《人类辅助生殖技术批准证书》或已失效。

（2）调查询问管理人员、供应部门负责人和具体发放人员；收集与精液接受单位签订的供精协议、供应精液的原始记录、费用等证据（包括电子信息系统证据）。对于违法行为和场所进行的摄影摄像，有条件的使用执法记录仪。

2. 法律适用　依据《人类精子库管理办法》第二十四条第（三）项的规定，向不具有《人类辅助生殖技术批准证书》的机构提供精子的，由省、自治区、直辖市人民政府卫生计生行政部门给予警告、1 万元以下罚款，并给予有关责任人员行政处分；构成犯罪的，依法追究刑事责任。

六、经评估机构检查质量不合格的

1. 调查取证

（1）做好现场笔录，描述获得人类辅助生殖技术质量检查结果的时间、地点、内容。

（2）调查询问评估报告签发人有关细节和报告的真实性；收集医疗机构不合格报告、整改报告等。对于违法行为和场所进行的摄影摄像，有条件的使用执法记录仪。

2. 法律适用　依据《人类精子库管理办法》第二十四条第（五）项的规定，经评估机构检查质量不合格的，由省、自治区、直辖市人民政府卫生计生行政部门给予警告、1 万元以下罚款，并给予有关责任人员行政处分；构成犯罪的，依法追究刑事责任。

七、供精者档案不健全的

1. 调查取证

（1）做好现场笔录。重点描述精子库供精者档案管理部门、位置，是否建立供精者电子档案。描述供精者档案中采集、冻存、供精、运输流程和记录缺项内容；使用精子的机构反馈受精者妊娠结局及子代信息及同一供精者的精液获得成功妊娠数量供精者的信息等是否齐全；抽查上报精子库中央信息库信息数量及符合要求情况。

（2）调查询问管理人员、档案具体管理人员，保管缺失或信息不健全的原因等，制作询问笔录；收集管理制度，在供精者筛查、检验、采集、储存、供应、

随访中，缺失或不健全的原始记录等证据(包括电子信息系统证据)。对于违法行为和场所进行的摄影摄像，有条件的使用执法记录仪。

2. 法律适用　供精者档案不健全的，依据《人类精子库管理办法》第二十四条第(四)项的规定，供精者档案不健全的，由省、自治区、直辖市人民政府卫生计生行政部门给予警告、1万元以下罚款，并给予有关责任人员行政处分；构成犯罪的，依法追究刑事责任。

八、其他违法行为的

1. 调查取证

(1)做好现场笔录，重点描述精子库在设置条件、功能任务、部门设置与人员、场所配置和设备配置等方面的情况及不符合要求的时间、方位、原因等；描述有关规章制度与管理安全隐患的内容、事项、地点等；违反医学伦理学原则的时间、地点内容、结果等。

(2)调查询问相关内容负责人、经手人、治疗操作人及相关患者等。收集有关规章制度、交接记录、病历资料、有关图纸等。对于违法行为和场所进行的摄影摄像，有条件的使用执法记录仪。

2. 法律适用　依据《人类精子库管理办法》第二十四条第(六)项的规定，其他违反本办法规定的行为，由省、自治区、直辖市人民政府卫生计生行政部门给予警告、1万元以下罚款，并给予有关责任人员行政处分；构成犯罪的，依法追究刑事责任。

第七章

打击“两非”行为的监督

第一节 概　　述

一、“两非”行为概念

“两非”行为是指非医学需要的胎儿性别鉴定和选择性别人工终止妊娠的行为，是指除经医学诊断胎儿可能为伴性遗传病等需要进行胎儿性别鉴定和选择性别人工终止妊娠以外，所进行胎儿性别鉴定和选择性别人工终止妊娠，简称“两非”行为。

二、打击“两非”相关法律规定

1. 法律

（1）《中华人民共和国人口与计划生育法》（国家主席令第41号）

（2）《中华人民共和国母婴保健法》（国家主席令第33号）

（3）《中华人民共和国刑法》（国家主席令第83号）

2. 行政法规

（1）《计划生育技术服务管理条例》（国务院令第309号）

（2）《中华人民共和国母婴保健法实施办法》（国务院令 第308号）

3. 部门规章

（1）《计划生育技术服务管理条例实施细则》（国家计划生育委员会令第6号）

（2）《禁止非医学需要的胎儿性别鉴定和选择性别人工终止妊娠的规定》（国家卫生和计划生育委员会令第9号）

（3）《产前诊断技术管理办法》（卫生部令第33号）

（4）《人类辅助生殖技术管理办法》（卫生部令第14号）

4. 地方性法规　各地方省级人大制定地方性法规。如《湖北省人口和计划生育条例》《广东省人口和计划生育条例》、安徽省禁止非医学需要鉴定胎儿性别和选择性别终止妊娠的规定》等。

5. 规范性文件

（1）中共中央宣传部、国家计生委等 11 部门《关于综合治理出生人口性别比升高问题的意见》（国计生发〔2002〕111 号）

（2）卫生部《关于严禁利用超声等技术手段进行非医学需要的胎儿性别鉴定和选择性别人工终止妊娠的通知》（卫办发〔2006〕284 号）

（3）国家卫生和计划生育委员会等 14 部门《关于加强打击防控采血鉴定胎儿性别行为的通知》（国卫家庭发〔2014〕90 号）

（4）国家卫生和计划生育委员会等 7 部门《关于印发全国整治“两非”专项行动实施方案的通知》（国卫家庭发〔2015〕58 号）

三、禁止“两非”的监督对象

1. 各类医疗保健机构、计划生育技术服务机构及其相关工作人员。

2. 从事“两非”的无证诊所、游医。

3. 介绍、组织孕妇实施“两非”者。

4. 接受非医学需要胎儿性别鉴定和非医学需要选择性别人工终止妊娠的育龄夫妇。

5. 胎儿性别鉴定和人工终止妊娠相关的药品和超声诊断仪、染色体检测专用设备等医疗器械的生产、销售和使用者。

6. 违法发布非医学需要的胎儿性别鉴定或者非医学需要的选择性别人工终止妊娠广告者。

四、对打击“两非”行为的监督

主要包括：

1. 对实施“两非”行为机构和个人的监督。

2. 对卫生计生行政部门及其卫生计生综合监督机构打击“两非”行为的监督。

第二节　监督检查的内容

一、监督检查内容

（一）开展“两非”行为的监督检查

1. 医学需要的胎儿性别鉴定机构及人员的资质及管理情况　任何单位

或者个人不得实施非医学需要的胎儿性别鉴定。检查医学需要的胎儿性别鉴定，是否由省、自治区、直辖市卫生计生行政部门批准设立的医疗卫生机构按照国家有关规定实施。监督检查实施医学需要的胎儿性别鉴定，是否由医疗卫生机构组织3名以上具有临床经验和医学遗传学知识，并具有副主任医师以上的专业技术职称的专家集体审核。经诊断，确需人工终止妊娠的，是否出具了医学诊断报告，并检查医疗卫生机构是否通报了当地县级卫生计生行政部门。检查实施人类辅助生殖技术的医疗机构是否进行了性别选择。检查开展产前诊断技术的医疗保健机构是否擅自进行胎儿的性别鉴定。

2. 医疗卫生机构禁止“两非”行为相关制度的建立及落实情况　监督检查医疗卫生机构是否在工作场所设置了禁止非医学需要的胎儿性别鉴定和选择性别人工终止妊娠的醒目标志；是否建立了禁止“两非”的规章制度；检查医务人员是否严格遵守了有关法律法规和规章制度，尤其对从事超声诊断、染色体检测、人工终止妊娠手术等技术服务的人员进行相关制度落实的监督检查。

3. 从事终止妊娠手术的机构和人员的资质情况　监督检查从事终止妊娠手术的医疗卫生机构和人员是否经县级人民政府卫生行政部门许可，并取得了相应的合格证书。

4. 终止妊娠药品使用的管理情况　监督检查终止妊娠的药品，是否为获准施行终止妊娠手术的医疗卫生机构，是否在医师指导和监护下使用。核查药库、住院药房，核对终止妊娠药品的进出库记录，是否存在与账册不符的情况，检查经批准实施人工终止妊娠手术的医疗卫生机构是否建立了真实、完整的终止妊娠药品购进记录，并为终止妊娠药品使用者建立了完整档案。

5. 终止妊娠手术的管理情况　任何单位或者个人不得实施选择性别人工终止妊娠。监督检查实施人工终止妊娠手术的机构是否在手术前登记、查验了受术者身份证明信息，并检查及时将手术实施情况通报了当地县级卫生计生行政部门。

6. 新生儿死亡的管理情况　监督检查医疗卫生机构发生新生儿死亡的，是否及时出具了死亡证明，并检查是否向当地县级卫生计生行政部门进行了报告。

检查新生儿在医疗卫生机构以外地点死亡的，监护人是否及时向当地乡（镇）人民政府、街道办事处卫生计生工作机构进行了报告；检查乡（镇）人民政府、街道办事处卫生计生工作机构是否予以了核查，并向乡镇卫生院或社区卫生服务中心通报了有关信息。

7. 广告的发布情况　监督检查广告，特别是医疗广告中是否发布非医学需要的胎儿性别鉴定或者非医学需要的选择性别人工终止妊娠的广告。

（二）打击“两非”行为的监督检查

1. 打击“两非”行为工作机制的建设和执行情况　监督检查是否建立了纪检监察、公安、食药监、工商和卫生计生等部门，是否构成了“党政牵头、部门配合、群众参与、标本兼治”的综合治理出生人口性别比工作机制；检查县（区）是否成立了由纪检监察、公安、食药监、工商和卫生计生等部门组成、各部门职责明确的查处“两非”案件综合办公室（简称“两非”办），专办全县（区）案件查处工作，开展联合检查联合办案，实施共同监管。

2. 打击跨区域“两非”行为工作机制的建设和执行情况　“两非”案件多发区域，出生人口性别比严重偏高的连片地区，流动人口流出地、流入地，监督检查是否建立了县级以上协作区域，对跨区域案件，检查是否实行了区域协作办案机制，密切配合协作，是否信息共享，保证“两非”案件查处工作效果最大化，检查协作区域内各方是否建立了联席会议制度、协作办案制度、信息通报制度、联防联控制度、联合查案机制和案件移送制度等相关制度。

其中“两非”案件查处区域协作联席会议每年应至少召开1次，遇重大案件或者重要情况随时召开。协作区域应当将参与协作查处“两非”案件情况纳入年度目标责任制考核，建立区域协作查处“两非”案件的考核奖惩制度，协作各方应当分别设立有奖举报电话，接壤的县（市、区）在毗邻地设立举报箱，公开奖励标准，鼓励群众举报“两非”行为。发现跨区域“两非”案件线索，案件发现方要运用全国“两非”案件信息管理系统及时向案件涉及方发出协办或者移交案件信息，协作方应当及时协助查处案件，或者接收案件、依法查处并反馈案件查处情况。

3. 打击“两非”行为相关工作制度的建设和执行情况　监督检查各级卫生计生行政部门及其卫生计生综合监督机构是否建立健全打击“两非”行为的联席会议制度、信息通报制度、联合办案制度、案件查处制度、有奖举报制度、案件移送制度、联防联控制度、区域协作办案制度、档案管理制度、保密制度等相关工作制度。

4. “两非”案件的查处情况　“两非”案件查处，按“属地管理”和“分级负责”原则，由违法行为发生地有关部门依法履行案件查处职责。上级有关部门应加强对下级有关部门查处“两非”案件的督查督办和指导，做好案件查处有关协调工作。监督检查“两非”案件的案由是否符合法律规定；执法主体是否合法，是否存在不具有独立查办“两非”案件职能的乡镇计生办独立办案情况，办理“两非”案件的执法人员是否取得行政执法资格；“两非”案件违法事实认定是否清楚，定性是否准确，适用法律法规是否正确，对情节严重的是否依法查处到位；对涉嫌犯罪的案件是否依法移送；案件调查取证、相对人依法享有的权利告知等执法程序是否符合法律规定；罚没款是否上交国库，实行收支“两条线”管理，开具的代收罚没款票据是否符合规定；案件卷宗整理是否规范等。

二、监督检查方法

（一）开展“两非”行为的监督检查

1. 查验机构和相关人员资质证件　查看医学需要的胎儿性别鉴定机构，是否是由省、自治区、直辖市卫生计生行政部门批准设立的医疗卫生机构；查看实施医学需要的胎儿性别鉴定人员，是否具有临床经验和医学遗传学知识，并具有副主任医师以上的专业技术职称。

查看从事终止妊娠手术的医疗卫生机构是否持有县级人民政府卫生行政部门核发的许可项目有“终止妊娠手术”的《母婴保健技术服务执业许可证》，在检查中应注意查看是否只许可了部分终止妊娠手术，如“终止妊娠手术（12 孕周内）”；查看从事终止妊娠手术的人员是否持有县级人民政府卫生行政部门核发的许可项目有“终止妊娠手术”的《母婴保健技术考核合格证书》。

2. 查阅相关资料　查看医疗卫生机构是否按规定建立 B 超使用管理、终止妊娠药物管理、终止妊娠手术管理、中期以上终止妊娠登记报告、出生婴儿统计、婴儿死亡登记报告等制度；根据举报线索，查阅有关登记记录、病历资料、B 超诊断报告、实验室报告、产前诊断报告和手术记录及有关证明等资料。在查阅资料中，监督检查医疗卫生机构和人员是否存在“两非”行为。如果发现“两非”违法线索，应进一步深入全面调查取证。

3. 现场检查　现场检查开展胎儿性别鉴定医疗卫生机构出具的医学诊断报告是否符合规定，是否通报了当地县级卫生计生行政部门，检查是否存在实施非医学需要的胎儿性别鉴定行为。

在日常监督检查中，重点查看妊娠 14 周以上终止妊娠手术人员的信息，查阅导诊记录、门诊记录、病史资料、B 超诊断报告或产前诊断报告、实验室检验报告、手术记录、手术同意书、收费记录等书证材料，检查使用的有关药品、设备、器械，翻查手术室的医疗废弃物等，对手术者、接受手术者、介绍人以及相关知情人进行分别询问调查，必要时对有男士陪同的就诊妇女进行询问，查看监控录像，检查是否存在未经批准擅自开展终止妊娠手术的行为。

对开展人类辅助生殖技术的医疗机构进行现场监督执法时，应检查其是否进行了性别选择。对开展产前诊断技术的医疗保健机构进行现场监督执法时，也应检查其是否擅自进行了胎儿的性别鉴定。

4. "两非"案件的调查取证　执法实践中，"两非"案件主要是根据群众举报、孕情监控发现孕情突然消失为线索，实行联合执法、联合办案、区域协作工作机制，成员单位各负其责，在公安部门的配合下，联合调查取证。通过对孕妇及其家属的调查信息，对案件进行追踪倒查。

（1）案件线索：①群众举报投诉；②孕情消失、流产引产、死婴死产等；③可疑孕检证明、假手术和假证明等；④采血鉴定胎儿性别行为，对用于胎儿性别鉴定采血器材、诊断试剂、仪器设备的调查线索；⑤对非法引流产行为的调查线索；⑥对引流产药物的购进与销售记录核查发现的线索。

（2）立案具有下列情形之一的应依法予以立案调查：①医疗卫生机构、非法行医者等非法为他人进行胎儿性别鉴定或者选择性别终止妊娠的行为；②非法中介机构或者个人组织、介绍妊娠 14 周以上的妇女非法接受胎儿性别鉴定或者选择性别终止妊娠手术的行为；③育龄群众以生育男婴为目的而接受的非法胎儿性别鉴定、选择性别终止妊娠的行为；④非法销售和使用终止妊娠药物的行为；⑤残害、溺弃女婴等违法行为。

（3）现场调查

1）调查现场分工：公安部门负责调查取证工作中现场秩序维护和人员安全保障。卫生计生、食药监等部门根据涉案范围的主要归属实施调查取证工作。

2）现场证据搜查：以涉嫌违法行为人的职业特征分类，由卫生计生、食药监部门指定两名以上执法人员实施现场检查，就地封存或收缴涉案物证（如 B 超诊断仪、人流引产的医疗器械和相关药品、产前诊断报告、医学鉴定意见、卫生计生引流产等有关证明文件、门诊记录、手术记录、知情选择同意书、实验室报告等病历资料以及收费单据等），制作现场笔录。

3）调查询问：对"两非"涉案人员和案情知情人员均要进行询问调查并制作询问笔录和指、辨认笔录。调查的内容要翔实，对违法事实的起因、时间、地点、经过及结果等情况进行重点调查。

4）证据转换：对其他部门移送的证据材料，案件查办机关应注意证据转换后使用。转换方式可通过对当事人的询问调查并制作询问笔录，以确认移送来的案件证据材料的真实。

（二）打击"两非"行为的监督检查

对打击"两非"行为工作机制、各项制度建设和执行情况的监督，采取的方法主要包括联合监督检查、专项督查和专项调查。对"两非"案件查处情况的监督，采取的方法主要包括下达督办通知书、现场督办、案件专项稽查和案卷评查考核。

第三节　违法行为的处理

一、开展“两非”违法行为的处理

（一）违法情形：医疗卫生机构和人员利用相关技术为他人实施非医学需要的胎儿性别鉴定或者选择性别的人工终止妊娠

1. 违反条款　《中华人民共和国人口与计划生育法》第三十五条“严禁利用超声技术和其他技术手段进行非医学需要的胎儿性别鉴定；严禁非医学需要的选择性别的人工终止妊娠。”

2. 处罚条款　《中华人民共和国人口与计划生育法》第三十六条第（二）项“违反本法规定，有下列行为之一的，由计划生育行政部门或者卫生行政部门依据职权责令改正，给予警告，没收违法所得；违法所得1万元以上的，处违法所得2倍以上6倍以下的罚款；没有违法所得或者违法所得不足1万元的，处1万元以上3万元以下的罚款；情节严重的，由原发证机关吊销执业证书；构成犯罪的，依法追究刑事责任；（二）利用超声技术和其他技术手段为他人进行非医学需要的胎儿性别鉴定或者选择性别的人工终止妊娠的；”和《卫生部关于严禁利用超声等技术手段进行非医学需要的胎儿性别鉴定和选择性别人工终止妊娠的通知》“卫生行政部门对利用超声和染色体检查等技术手段从事‘两非’的医疗保健机构及其医务人员，要吊销当事医务人员的执业证书，调离当前工作岗位，并追究医疗机构负责人的责任；对诊所、门诊部、医务室、妇幼保健站、社区卫生服务站，要吊销其《医疗机构执业许可证》；对其他医疗机构要吊销其妇产科、超声科、检验科等问题科室的诊疗科目登记。”

医疗卫生机构人员在工作场所为他人进行非医学需要胎儿性别鉴定或者选择性别终止妊娠手术的，其所在单位未履行法定管理职责，在对所在单位、直接责任人员除追究行政处罚责任外，对医疗卫生机构的主要负责人、直接负责的主管人员和直接责任人员，依法给予处分。

（二）违法情形：对未取得《医疗机构执业许可证》的机构或未取得医生执业资格的人利用相关技术为他人实施胎儿性别鉴定

1. 违反情形　《医疗机构管理条例》第二十四条“任何单位或者个人，未取得《医疗机构执业许可证》，不得开展诊疗活动。”和《中华人民共和国执业医师法》第十四条第二款“未经医师注册取得执业证书，不得从事医师执业活动。”

2. 处罚条款　《医疗机构管理条例》第四十四条“未取得《医疗机构执业许可证》擅自执业的，由县级以上人民政府卫生行政部门责令其停止执业活动，没收非法所得和药品、器械，并可以根据情节处以1万元以下的罚款。”和《中华人民共和国执业医师法》第三十九条“未经批准擅自开办医疗机构行医或者非医师行医的，由县级以上人民政府卫生行政部门予以取缔，没收其违法所得及其药品、器械，并处10万元以下的罚款；对医师吊销其执业证书；给患者造成损害的，依法承担赔偿责任；构成犯罪的，依法追究刑事责任。”

未取得医生执业资格的人为他人实施胎儿性别鉴定的非法行医行为被卫生行政部门行政处罚两次以后，如果再次非法行医，根据《最高人民法院关于审理非法行医刑事案件具体应用法律若干问题的解释》（法释〔2008〕5号），应认定为刑法第三百三十六条第一款规定的“情节严重”，应将此案移交司法机关，追究其刑事责任。

（三）违法情形：未取得医生执业资格的人进行选择性别的终止妊娠手术

1. 违反条款　《中华人民共和国执业医师法》第十四条第二款“未经医师注册取得执业证书，不得从事医师执业活动。”和《中华人民共和国人口与计划生育法》第三十五条“严禁利用超声技术和其他技术手段进行非医学需要的胎儿性别鉴定；严禁非医学需要的选择性别的人工终止妊娠。”

2. 处罚条款　《最高人民检察院公安部关于公安机关管辖的刑事案件追诉标准的规定（一）》第五十八条第（四）项“未取得医生执业资格的人擅自为他人进行节育复通手术、假节育手术、终止妊娠手术或者摘取宫内节育器，涉嫌下列情形之一的，应予立案追诉：（四）非法进行选择性别的终止妊娠手术的；”应将此案移交司法机关，追究其刑事责任。

（四）违法情形：未取得母婴保健技术许可的医疗卫生机构或者人员擅自从事终止妊娠手术

1. 违反条款　《中华人民共和国母婴保健法》第三十二条第一款“医疗保健机构依照本法规定开展婚前医学检查、遗传病诊断、产前诊断以及施行结扎手术和终止妊娠手术的，必须符合国务院卫生行政部门规定的条件和技术标准，并经县级以上地方人民政府卫生行政部门许可。”，第三十三条第一款“从事本法规定的遗传病诊断、产前诊断的人员，必须经过省、自治区、直辖市人民政府卫生行政部门的考核，并取得相应的合格证书。”和《中华人民共和国母婴保健法实施办法》第三十五条第三款“从事助产技术服务、结扎手术和终止妊娠手术的医疗、保健机构和人员以及从事家庭接生的人员，须经县级人民政府卫生行政部门许可，并取得相应的合格证书。”

2. 处罚条款　《中华人民共和国母婴保健法》第三十五条第（二）项“未取得国家颁发的有关合格证书的，有下列行为之一，县级以上地方人民政府卫生行政部门应当予以制止，并可以根据情节给予警告或者处以罚款：（二）施行终止妊娠手术的；”、《中华人民共和国母婴保健法实施办法》第四十条“医疗、保健机构或者人员未取得母婴保健技术许可，擅自从事婚前医学检查、遗传病诊断、产前诊断、终止妊娠手术和医学技术鉴定或者出具有关医学证明的，由卫生行政部门给予警告，责令停止违法行为，没收违法所得；违法所得5000元以上的，并处违法所得3倍以上5倍以下的罚款；没有违法所得或者违法所得不足5000元的，并处5000元以上2万元以下的罚款。”，《禁止非医学需要的胎儿性别鉴定和选择性别人工终止妊娠的规定》第十九条“对医疗卫生机构的主要负责人、直接负责的主管人员和直接责任人员，依法给予处分。”

（五）违法情形：从事母婴保健技术服务的人员出具虚假的医学需要的人工终止妊娠相关医学诊断意见书或者证明

处罚条款 《中华人民共和国母婴保健法》第三十七条“从事母婴保健工作的人员违反本法规定，出具有关虚假医学证明或者进行胎儿性别鉴定的，由医疗保健机构或者卫生行政部门根据情节给予行政处分；情节严重的，依法取消执业资格。”，《中华人民共和国母婴保健法实施办法》第四十一条“从事母婴保健技术服务的人员出具虚假医学证明文件的，依法给予行政处分；有下列情形之一的，由原发证部门撤销相应的母婴保健技术执业资格或者医师执业证书：（一）因延误诊治，造成严重后果的；（二）给当事人身心健康造成严重后果的；（三）造成其他严重后果的。”，《禁止非医学需要的胎儿性别鉴定和选择性别人工终止妊娠的规定》第十九条“对医疗卫生机构的主要负责人、直接负责的主管人员和直接责任人员，依法给予处分。”

（六）违法情形：开展产前诊断技术的医疗保健机构擅自进行胎儿的性别鉴定

1. 违反条款 《产前诊断技术管理办法》第二十七条“开展产前诊断技术的医疗保健机构不得擅自进行胎儿的性别鉴定。对怀疑胎儿可能为伴性遗传病，需要进行性别鉴定的，由省、自治区、直辖市人民政府卫生行政部门指定的医疗保健机构按照有关规定进行鉴定。”

2. 处罚条款 《产前诊断技术管理办法》第三十二条“违反本办法第二十七条规定，按照《中华人民共和国母婴保健法实施办法》第四十二条规定处罚。”和《中华人民共和国母婴保健法实施办法》第四十二条“违反本办法规定进行胎儿性别鉴定的，由卫生行政部门给予警告，责令停止违法行为；对医疗、保健机构直接负责的主管人员和其他直接责任人员，依法给予行政处分。进行胎儿性别鉴定两次以上的或者以营利为目的进行胎儿性别鉴定的，并由原发证机关撤销相应的母婴保健技术执业资格或者医师执业证书。”

（七）违法情形：实施人类辅助生殖技术的医疗机构擅自进行性别选择

1. 违反条款 《人类辅助生殖技术管理办法》第十七条“实施人类辅助生殖技术的医疗机构不得进行性别选择。法律法规另有规定的除外。”

2. 处罚条款 《人类辅助生殖技术管理办法》第二十二条第四项“开展人

类辅助生殖技术的医疗机构违反本办法，有下列行为之一的，由省、自治区、直辖市人民政府卫生行政部门给予警告、3万元以下罚款，并给予有关责任人行政处分；构成犯罪的，依法追究刑事责任：（四）擅自进行性别选择的；”

（八）违法情形：单位或者个人介绍、组织孕妇实施非医学需要的胎儿性别鉴定和选择性别人工终止妊娠

1. 违反条款 《禁止非医学需要的胎儿性别鉴定和选择性别人工终止妊娠的规定》第三条第二款“禁止任何单位或者个人介绍、组织孕妇实施非医学需要的胎儿性别鉴定和选择性别人工终止妊娠。”

2. 处罚条款 《禁止非医学需要的胎儿性别鉴定和选择性别人工终止妊娠的规定》第二十三条“介绍、组织孕妇实施非医学需要的胎儿性别鉴定或者选择性别人工终止妊娠的，由县级以上卫生计生行政部门责令改正，给予警告；情节严重的，没收违法所得，并处5000元以上3万元以下罚款。”

此种违法情形，本省、自治区、直辖市地方性法规或政府规章有明确规定的，也可依据地方性法规或政府规章的规定进行处罚。

（九）违法情形：经批准实施人工终止妊娠手术的机构未建立真实完整的终止妊娠药品购进记录，或者未按照规定为终止妊娠药品使用者建立完整用药档案

1. 违反条款 《禁止非医学需要的胎儿性别鉴定和选择性别人工终止妊娠的规定》第十四条第四款“经批准实施人工终止妊娠手术的医疗卫生机构应当建立真实、完整的终止妊娠药品购进记录，并为终止妊娠药品使用者建立完整档案。”

2. 处罚条款 《禁止非医学需要的胎儿性别鉴定和选择性别人工终止妊娠的规定》第二十条“经批准实施人工终止妊娠手术的机构未建立真实完整的终止妊娠药品购进记录，或者未按照规定为终止妊娠药品使用者建立完整用药档案的，由县级以上卫生计生行政部门责令改正；拒不改正的，给予警告，并可处1万元以上3万元以下罚款；对医疗卫生机构的主要负责人、直接负责的主管人员和直接责任人员，依法进行处理。”

（十）违法情形：当事人进行非医学需要胎儿性别鉴定或进行非医学需要选择性别人工终止妊娠

此种情形国家法律、法规和规章中没有作出明确的规定。本省、自治区、直辖市地方性法规或政府规章有明确规定的，可依据地方性法规或政府规章的规定进行处罚。

（十一）违法情形：发布非医学需要的胎儿性别鉴定或者非医学需要的选择性别人工终止妊娠广告

处罚条款：《禁止非医学需要的胎儿性别鉴定和选择性别人工终止妊娠的

规定》第十七条:“违法发布非医学需要的胎儿性别鉴定或者非医学需要的选择性别人工终止妊娠广告的,由工商行政管理部门依据《中华人民共和国广告法》等相关法律法规进行处罚。对广告中涉及的非医学需要的胎儿性别鉴定或非医学需要的选择性别人工终止妊娠等专业技术内容,工商行政管理部门可根据需要提请同级卫生计生行政部门予以认定。”

(十二)违法情形:没有严格按照有关规定落实禁止“两非”管理措施的行为

为加强禁止“两非”管理措施,部分省、自治区、直辖市颁布的地方性法规或政府规章中制定了一系列具体规定,如“妊娠14周以上的已婚妇女要求施行人工终止妊娠手术的,应当按照国家和省人民政府的规定出示有关证明,施术单位应当在术前查验,并按规定登记、存档。”、“符合条件购置超声诊断仪等可用于鉴定胎儿性别设备的,购置后报所在地县级卫生计生行政部门备案”等。对违反这些具体规定的行为,可按照本省、自治区、直辖市颁布的地方性法规或政府规章有关规定处理。

二、打击“两非”工作存在问题的处理

对打击“两非”工作存在问题的,检查结束后,实施监督检查的卫生计生行政部门应形成书面检查报告,指出发现的问题,提出整改措施和解决建议,责令限期改正;逾期不改的,在一定范围内给予通报批评。

对打击“两非”负有监督管理职责的卫生计生行政部门有不依法履行管理职责的,对直接负责的主管人员和其他直接责任人员给予记过以上的行政处分;上述行政部门的工作人员玩忽职守、滥用职权、徇私舞弊、收受贿赂、出具虚假证明的,由其所在单位或者主管部门给予记大过以上的行政处分;有违法所得的,没收违法所得;构成犯罪的,依法追究刑事责任。